AF320000

MÉTHODE

PRATIQUE ET THÉORIQUE

DE

DACTYLOGRAPHIE

DITE « DES DIX DOIGTS »

SUR CLAVIER UNIVERSEL

ÉDITÉE PAR

L'ÉCOLE LONGIN

Madame C. LONGIN, DIRECTRICE

ALGER

Tous droits de traduction et reproduction réservés

ALGER

IMPRIMERIE ORIENTALE FONTANA FRÈRES

3, RUE PÉLISSIER, 3

1946

AVANT-PROPOS

En faisant paraître cette méthode, en pleine guerre, nous n'avons eu aucune prétention de supériorité : c'est uniquement le manque d'ouvrages de ce genre qui nous y a poussé.

Nous espérons que non seulement notre brochure sera la bienvenue, mais que l'on nous excusera si notre méthode n'est pas, à plusieurs points de vue, ce que nous aurions souhaité qu'elle fût.

On voudra bien, cependant, nous savoir gré d'avoir réuni, aussi succinctement que possible, sous un format réduit, pratique, le plus grand nombre d'exercices de toutes sortes : lettres commerciales, tableaux, articles de journaux, etc., etc., pour servir de modèle.

Nous avons continué et nous continuerons à suivre notre devise :

« Toujours les premiers. Toujours en avant ! »

Dès la cessation des hostilités, nous créerons à Alger le Sténographe Algérien, journal touchant à toutes les questions intéressant la Sténographie dans notre pays. Nous remercions par avance tous ceux qui voudront bien nous accorder leur confiance.

A nos lecteurs et amis, merci !

LA DIRECTION.

ANNÉES 1912 A 1916

Plus de **500** élèves ont suivi et suivent les cours de l'École ; plus de **400** sont en place. Tel est le résultat de quatre années.

Nous ne dirons pas que ce résultat a été obtenu simplement grâce à l'installation **unique à Alger** de l'École (salle de Sténographie, salle de Dactylographie, bibliothèque, vestiaire, etc.).

Si l'École est la mieux fréquentée et la plus suivie, elle le doit à sa méthode d'enseignement.

Les diplômes de l'**École Longin**, contresignés par de hautes personnalités du monde commercial algérois, sont les plus sûrs garants pour le placement des élèves.

CONSEILS AUX PARENTS

Nous remercions tous ceux, connus et inconnus, qui fréquemment viennent nous demander conseil sur la situation à donner à leurs jeunes filles, en ce qui concerne les différentes branches d'enseignement dont s'occupe l'**Ecole Longin**.

Nous pouvons donc, sans esprit de surenchère et de forfanterie, dire ouvertement ce que nous pensons à ce sujet :

1° Il en est de l'enseignement comme de toute autre chose : certaines personnes enseignent ce qu'elles ne connaissent pas elles-mêmes ou ce qu'elles ont appris la veille seulement ;

2° Beaucoup trop de jeunes personnes se lancent dans des études pour lesquelles elles n'ont aucune aptitude, aucune préparation.

En effet, il ne suffit pas d'avoir une bonne instruction pour devenir une parfaite sténo-dactylographe ; il faut une assimilation qui n'est pas donnée à tout le monde.

La place d'Alger fourmille de sténo-dactylographes ou soi-disant telles, mais les *bonnes employées* manquent. Cette lacune est due aux deux causes ci-dessus, agrémentées de ce que beaucoup de jeunes filles possédant tout au plus l'instruction du certificat d'études veulent être « sténo-dactylographes » ; celles qui pourraient devenir de très bonnes débutantes, sollicitent un emploi dans les maisons de commerce dès qu'elles possèdent les premiers éléments de vitesse sténographique.

Nous tenons donc, une fois de plus, à répéter ce qui a paru dans la presse d'Alger.

AVIS AU COMMERCE

L'**École Longin** ayant reçu de nombreuses marques de confiance du commerce algérois et ses élèves occupant les meilleurs emplois, certaines personnes se sont autorisées à se présenter comme faisant partie de l'Ecole.

L'**Ecole Longin** récuse et décline toute responsabilité morale et technique des personnes se présentant non munies d'un diplôme de l'Ecole ou d'un certificat de la Directrice.

ÉCOLE LONGIN

1, Place Bugeaud, ALGER — Tél. 27.73

Sténographie — Métagraphie — Dactylographie
Comptabilité — Français

Préparation aux Postes, Télégraphes et Téléphones

et divers Examens

DACTYLOGRAPHIE

3 Leçons par semaine. . . . . 5 fr. par mois.
6 — — . . . . 10 fr. —

STÉNOGRAPHIE

Tous les jours, de 8 à 11 heures du matin,
de 2 à 6 heures du soir.

3 Leçons par semaine. . . . . 10 fr. par mois.
Cours d'adultes (soir). . . . . 5 fr. par mois.

Cours spéciaux pour les élèves des écoles.

STÉNO-DACTYLOGRAPHIE

6 Leçons par semaine. . . . . 10 fr. par mois.

*La Dactylographie est donc enseignée gracieusement
à tout élève étudiant la Sténographie.*

Cours — Leçons particulières

et par correspondance

COMPTABILITÉ

2 Cours par semaine.................... 5 fr. par mois.

PRÉPARATION AUX POSTES, TÉLÉGRAPHES
ET TÉLÉPHONES

3 Cours par semaine................. 15 fr. par mois.

FRANÇAIS

2 Cours par semaine.................... 5 fr. par mois.

ASSOCIATION DES ANCIENS ET ANCIENNES ÉLÈVES
Dimanche matin.

En Juillet :

Concours entre les Élèves de l'École
Prix et Diplômes

Nota. — Tous les élèves ayant réussi au concours une prise sténographique à la vitesse de **cent** mots ont droit gratuitement aux cours de Sténo l'année suivante.

Messieurs les Officiers ministériels, Avocats, Négociants, Commerçants, Industriels, etc., trouveront à l'École, des STÉNO-DACTYLOGRAPHES capables, sérieuses, munies de leur brevet, ayant des notions de comptabilité, etc., etc.

COURS PRATIQUE
DE
COMPTABILITÉ COMMERCIALE
PARTIES SIMPLE ET DOUBLES
« LIGNE DROITE » — JOURNAL — GRAND LIVRE

NOTIONS PRÉLIMINAIRES
D'ÉCONOMIE POLITIQUE

—•o•—

COURS PRATIQUE DE COMPTABILITÉ COMMERCIALE

DÉFINITION ET HISTORIQUE
DE LA COMPTABILITÉ

Liste alphabétique des abréviations et expressions commerciales les plus usitées.

ACTES COMMERCIAUX

Reçus. — Lettres de voiture. — Récépissés. — Connaissements. — Notes d'expédition. — Factures. — Lettres de change. — Billets à ordre. — Chèques. — Chèque barré. — Procuration.

CORRESPONDANCE COMMERCIALE

Règles générales. — Circulaires. — Offres. — Lettres de commandes. — Lettres d'avis. — Demandes de renseignements. — Lettres de renseignements. — Lettres de réclamations. — Réponses aux lettres de réclamations. — Lettres de crédit. — Lettres de recommandation.

TENUE DES LIVRES

Notions générales et méthodes de tenue des livres.

PARTIE SIMPLE

Livres de commerce. — Livre de caisse. — Main courante. — Journal. — Grand Livre. — Livre de magasin. — Inventaire.

PARTIES DOUBLES

Notions générales. — Livres de commerce. — Les comptes. — Vérification et conservation des actes commerciaux. — Rédaction des articles du Journal. — Articles simples et articles composés. — Rédaction des articles aux livres auxiliaires et au Grand Livre.

EXERCICES DE COMPTABILITÉ

Main courante. — Livre des ventes. — Livre d'achats. — Registres des effets à recevoir et des effets à payer. — Livre de caisse. — Brouillard. — Carnet des frais généraux et carnet des dépenses de maison. — Carnets des commandes données et des commandes reçues. — Répertoire. — Chiffrier.

Journal. — Grand Livre. — Balances. — Collation. — Inventaire. — Balances de sortie et d'entrée. — Bilan. — Bordereaux d'escompte. Comptes courants portant intérêts.

Méthode « Ligne droite »

Historique et théorie de la « Ligne droite ». — Livres de commerce. — Journal « ligne droite ». — Grand Livre « ligne droite ». — Centralisateur. — Comptabilité réservée.

EXERCICES

Tous les exercices de la comptabilité en parties doubles sont reproduits en « ligne droite ».

Autres Méthodes de Comptabilité

NOTIONS PRÉLIMINAIRES D'ÉCONOMIE POLITIQUE

Définition de l'économie politique.

Définition de la *Richesse*, de l'*Utilité* et de la *Valeur*.

Premières notions sur la *Propriété*, sur l'*Intérêt individuel* et l'*Intérêt général*, sur l'*Échange*, la *Circulation*, la *Monnaie* et les *Crises monétaires*.

Capital. — Divers sens du mot ; rôle, fonction et emploi ; utilité et importance ; intérêt ou loyer du capital.

Travail. — Liberté du travail ; salaire.

Échanges et débouchés. — Rôle et qualités de la monnaie ; des signes représentatifs de la monnaie (effets de commerce, billets de banque, warrants).

Crédit. — Définition ; opérations et instruments de crédit.

Le Commerce des banques et les opérations de banque et de crédit ; action des banques sur les crises ; institutions de crédit.

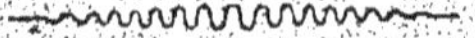

MÉTHODE

DE

DACTYLOGRAPHIE

DESCRIPTION. — INSTRUCTIONS

Les machines à écrire sont généralement composées de quatre parties principales, savoir : le *Chariot*, le *Mécanisme d'impression*, le *Clavier*, le *Bâti*.

I. LE CHARIOT (dont le mouvement d'avance est de droite à gauche) est la partie mobile de la machine qui entraîne le papier au fur et à mesure de l'impression.

Le *Chariot* comprend, comme parties principales, le *cylindre* et différents leviers.

Le cylindre est la pièce cylindrique sur laquelle est appliqué le papier au moment de l'impression.

Les leviers sont, en général, au nombre de *cinq*.

1° *Le Levier d'interligne*, qui sert à faire l'écart entre les lignes. Il se compose de deux parties, le levier proprement dit et le bouton qui doit être placé sur les chiffres 1, 2 ou 3, suivant l'écart à donner. Le 1 est le petit interligne, le 2 l'interligne moyen, le 3 le grand interligne.

L'interligne 1 est employé dans les correspondances commerciales d'une certaine longueur. On se sert de l'interligne 2 lorsque la correspondance est courte, de façon à ce que la lettre frappe mieux l'œil, et dans certains rapports, expéditions officielles, etc.; l'interligne 3 est employé beaucoup plus rarement;

2° *Le Levier de suppression de la marge*, donnant la facilité de mettre en marge les annotations sans avoir à dérégler sa machine en déplaçant le curseur;

3° *Le Levier de dégagement du chariot*, permettant de ramener le chariot en arrière;

4° *Le Levier de dégagement du papier*, desserrant le papier, et qui permet de le redresser;

5° *Le Levier de dégagement du rochet*, permettant d'écrire sur du papier réglé.

II. MÉCANISME. — Le mécanisme d'impression comprend :

1° Les barres à touches, levier partant de la touche au segment;

2° Les barres à types, levier partant du segment et portant les types ou caractères à leurs extrémités;

3° Le ring, saillie en arc de cercle qui reçoit le choc;

4° Le guide, maintenant le type au moment de l'impression et donnant l'alignement;

L'encrage est généralement produit par un ruban.

III. LE CLAVIER. — Le clavier comprend les touches de lettres, chiffres, signes et de manipulation.

Les touches «actives» (lettres et signes ; accents circonflexes et trémas exceptés) font avancer le chariot d'un espace à chaque frappe.

Les touches «mortes» sont celles servant à la manipulation des accents circonflexes et trémas. Pour les accents circonflexes et trémas, frapper avant de faire la lettre.

Les touches «majuscules» servent à faire les majuscules, les chiffres et tous les signes portés en haut des touches.

La touche de rappel sert à ramener le chariot en arrière, espace par espace, afin de permettre au dactylo-

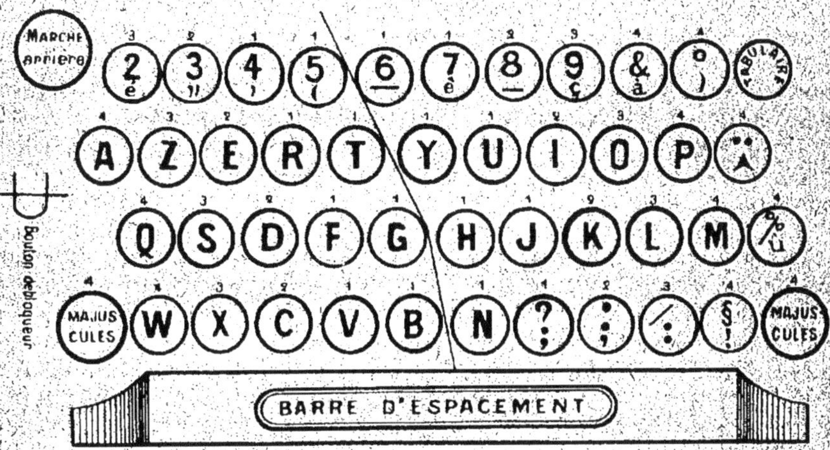

graphe de surcharger aisément ou de mettre des chiffres en colonne.

La touche du tabuleur, permet de faire les tableaux.

La touche ou barre d'espacement, servant à séparer les mots.

IV. LE BATI.

Observations Générales

Où poser sa machine. — L'opérateur devant dominer son clavier, la machine doit être posée sur une table de 0,68 centimètres environ, de façon à ce que les avant-bras et les poignets se trouvent à la même hauteur.

Le corps, placé devant la machine, doit être tenu droit et sans gêne.

Insertion du papier. — Ramener les curseurs au bout de leur course, de même pour les guides papier. Placer le papier droit en arrière du cylindre contre le support, tourner le bouton moleté, le papier montera. Si le papier n'est pas horizontal, presser sur le levier de dégagement du papier, mettre votre papier parallèle avec la barre tenant les guides papier, ou aligner les coins du papier deux par deux, relever le levier de dégagement.

Ne jamais faire glisser le chariot, tant que le levier de dégagement est baissé.

Maintenir votre papier avec les guides, saisir votre chariot, le maintenant, appuyer sur levier de dégagement du chariot, amener le guide ruban à l'endroit où vous devez commencer, pousser votre curseur pour régler à droite, ramener votre chariot en arrière et faire de même pour l'endroit où vous devez terminer votre ligne, ramener l'autre curseur.

Votre travail est ainsi réglé et margé.

Écrire en minuscules. — Frapper la touche sur laquelle se trouve la lettre.

Écrire en majuscules. — Appuyer sur la touche « Majuscule » et frapper en même temps la touche où se trouve la lettre. Il en est de même pour les chiffres et tous les signes se trouvant en haut des touches.

Le *1* (un) se fait avec l'*i* ; le *0* (zéro), avec le *o* (en majuscules).

Lorsque l'on est obligé de travailler des deux mains en majuscules, il suffit d'appuyer sur la touche dite « Majuscule » de droite, et, pour revenir en minuscule, appuyer sur le bouton ou sur la touche minuscule de gauche.

La frappe. — Frapper sans appuyer, la frappe doit être vive, le toucher net. Ne frapper qu'une touche à la fois. Les signes de ponctuation doivent être frappés plus faiblement.

Pour séparer les mots, frapper la barre d'espacement, avec le pouce si possible.

Chaque main a son travail, comme il est facile de s'en rendre compte au schéma.

Pour passer d'une ligne à l'autre, ramener le chariot en arrière, en appuyant sur le levier d'interligne.

La sonnerie vous prévient de la fin des lignes, ensuite vous êtes bloqué ; mais s'il vous reste quatre caractères et moins à faire, presser sur le bouton de déblocage, une première fois il vous sera possible de faire 4 caractères, une seconde fois un seul.

Copies multiples. — Prendre une feuille de papier carbone et la mettre contre la feuille à copie, le gras du papier carbone du côté de la feuille, couvrir ce papier d'une autre feuille, etc.

Pour faire un travail en colonnes. — Ayant mis votre papier dans la machine, déterminer l'emplacement de chaque colonne ; porter successivement ces colonnes en face du guide central, lire sur l'échelle la division qu'indiquera l'index qui glisse au-dessus de cette échelle.

Supposons que vous ayez noté les divisions 25, 32, 48, 59.

A l'arrière de la machine, placez les arrêts du tabuleur aux divisions 25, 32, 48, 59 de la réglette.

En appuyant sur la touche dite « Tabuleur », le chariot se placera de lui-même sur les divisions 25, 32, 48, 59. Vous n'aurez donc qu'à frapper la touche choisie pour faire la colonne.

Ruban polychrome. — Presque toutes les machines possèdent un système de clé permettant d'écrire en deux couleurs lorsque le ruban est bicolore. Cette clé permet également d'user doublement des rubans unicolores, mais dans ce cas il est de beaucoup préférable de le retourner en faisant passer la bobine de droite à gauche et vice-versa, car, de cette façon, le guide ruban ne se fatigue pas.

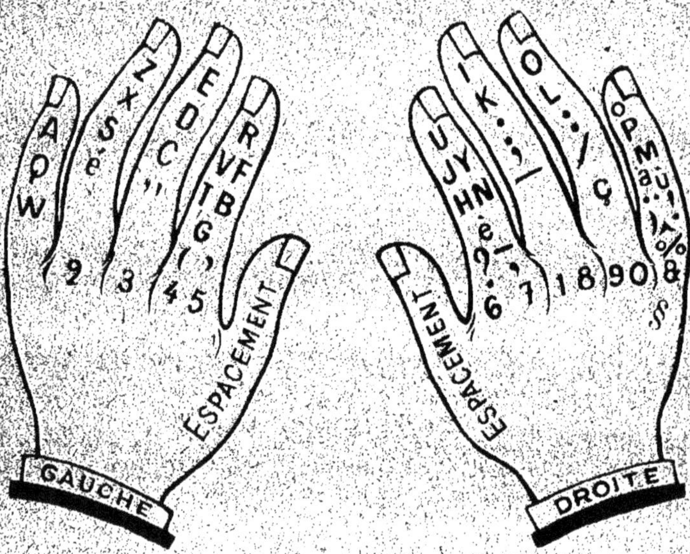

Méthode du Doigté.

Nous suivrons ici la méthode préconisée par Van Sant, dite « des dix doigts ».

Il faut, auparavant, bien étudier son clavier, le posséder à fond, apprendre de mémoire l'emplacement des touches (lettres et signes).

Remarquez que les six voyelles, dans le clavier dit « Universel », se trouvent sur la même rangée horizontale.

Le clavier dit « Universel » se compose de trois rangs horizontaux de touches, comportant les lettres et certains signes, et d'un rang supérieur comportant d'autres signes et principalement des chiffres (faits en mettant le clavier en majuscules).

Le clavier est divisé en deux parties, limitant le travail à faire par chaque main.

	CLAVIER en							
	MINUSCULES				MAJUSCULE			
Main droite.								
L'auriculaire déprimera les touches portant les lettres, signes ou chiffres	à	p	m	!	&	P	M	§
L'annulaire, les touches........	ç	o	l	:	9	O	L	/
Le médium, — —	—	i	k	;	8	I	K	.
L'index, — —	è	u	j	,	7	U	J	?
et, en plus, — —	-	y	h	n	6	Y	H	N
Main gauche.								
L'auriculaire déprimera les touches portant les lettres, signes et chiffres		a	q	w		A	Q	W
L'annulaire, les touches..........	é	z	s	x	2	Z	S	X
Le médium, — —	"	e	d	c	3	E	D	C
L'index, — —	'	r	f	v	4	R	F	V
et, en plus. — —	(	t	g	b	5	T	G	B

Les touches portant en minuscule la lettre ù, l'accent circonflexe et la parenthèse); en majuscule, le tréma, le % et le °, doivent être dépressées, autant que possible, par l'auriculaire de droite.

La même touche doit toujours être abaissée avec le même doigt; il faut, ainsi qu'il est dit plus haut, frapper doucement, vivement, mais sèchement, comme si vous ressentiez une sensation de brûlure, sans jamais accompagner complètement la touche et ne jamais frapper deux touches en même temps.

Ne jamais passer à l'exercice suivant sans posséder complètement le précédent.

Ne pas se presser, aller lentement au début, soignez

votre travail, comme s'il vous était rétribué, la vitesse s'acquiert aisément, facilement par la suite.

Nota. — Nous croyons inutile de nous étendre sur les signes de ponctuation (virgule, point virgule, deux points, point d'exclamation, point d'interrogation, la parenthèse et le trait d'union) qui sont employés en dactylographie comme dans l'écriture ordinaire.

Figures du Clavier

§ *Paragraphe.* — Ce signe est l'abréviation du *paragraphe.* Ex. : § VII, pour paragraphe 7; §§ XII et XIII, pour paragraphes 12 et 13. Mais, dans le cours d'un texte, on n'écrira pas : « Ainsi qu'il en est question au § X », mais on écrira en entier : « Ainsi qu'il en est question au paragraphe 10 ».

/ *(Barre de fraction).* — Cette barre sert, ainsi que l'indique son nom, à fractionner les chiffres. Ex. : Je vous livre ce vin, il pèse 11° 1/2 (onze degrés et demi).

On l'emploie également pour écrire « pour cent » avec les machines qui ne possèdent pas cette touche. Ex. : 0/0 (pour cent), 0/00 (pour mille), ou encore pour indiquer les dates. Ex. : 10/12 1914 (dix décembre 1914). Quelfois, pour indiquer la durée. Ex. : 12/27 janvier (du 12 au 27 janvier) ; pour certaines abréviations : V/ (pour votre).

On emploie également cette barre comme parenthèse, dans les machines qui en sont dépourvues.

Avant la barre de fraction

°. — Ce signe, ou petit zéro supérieur, sert d'abréviation dans certains cas. Ex. : C° (pour compagnie) ; N° (pour numéro) ; 1° (pour primo). Dans le commerce des liquides, on s'en sert pour indiquer le degré, 12° (douze degrés).

& ET contracté, ne s'emploie jamais dans le cours d'une phrase. Ex. : On n'écrira pas : « Il est nécessaire de connaître la Sténographie & la Dactylographie », mais on écrira toujours « La Sténographie *ET* la Dactylographie ». & : Ce signe s'emploie dans les raisons sociales. Ex. : Dubois & C°; Limited & C°.

. *Le point* est employé comme point de suspension, à condition de le mettre en triple, quadruple, etc.

? *Le point d'interrogation*, employé dans le corps d'une phrase et entre parenthèses (?) émet le doute.

— *Le trait de soulignement* sert à attirer l'attention sur certaines parties de phrase ou certains mots. Ex. : **malheureux**, qu'as-tu fait ? - Il est **absolument** nécessaire que vous me fassiez connaître votre réponse avant **lundi prochain**.

Abréviations courantes

B. P. F. (signifie Bon pour francs); B-d-R- (Bouches-du-Rhône), **M-et-L-** (Maine-et-Loire), **41 mq** (41 mètres cubes), **22 mc** (22 mètres carrés), **Nt** (négociant), **Ct** (courant), etc.

La lettre X signifie multiplié par, lorsqu'elle sépare deux chiffres ou plusieurs chiffres ou nombre de chiffres. Ex. : $45 \times 12 = 540$, signifie 45 multiplié par 12, égale 540.

Les deux points signifient divisé par. Ex. : $10 : 2 = 5$ (10 divisé par 2, égale 5).

Le trait d'union signifie moins. Ex. : $9 - 2 = 7$ (9 moins 2 égale 7).

On l'emploie également pour ne pas répéter les mots.

Ex. :

80 chemises à Fr. 12 pièce = Fr. 960
25   -   -   - 14   -   - 350

Il est de même employé pour fractionner.

Ex. : 1   2   4   6
      —   —   —   —
      2   3   6   8

La virgule n'est jamais employée dans le millésime. Ex. :
On écrit : « La guerre a commencé en 1914 et non
en 1,914 ».

Mais on s'en servira pour séparer les francs des
centimes.

Ex. : Fr.   1,914,05.
      Fr. 1,456,768,95.

Exercices du Doigté.

L'élève devra faire cet exercice jusqu'à ce qu'il possède entièrement son clavier.

```
poiuy poiuy poiuy poiuy poiuy poiuy
azert azert azert azert azert azert
mlkjh mlkjh mlkjh mlkjh mlkjh mlkjh
qsdfg qsdfg qsdfg qsdfg qsdfg qsdfg
l:;,n l:;,n l:;,n l:;,n l:;,n l:;,n
wxcvb wxcvb wxcvb wxcvb wxcvb wxcvb
aç_è- aç_è- aç_è- aç_è- aç_è- aç_è-
é"' ( é"' ( é"' ( é"' ( é"' ( é"' ( é"' ( é"' (
```

EXERCICES
sur la première rangée horizontale

A   papa papa papa papa papa papa papa
art art art art art art art art

Faire de même les mots suivants : par rap rat para paz part tata rata

E   pape pape pape pape pape pape pape
apte apte apte apte apte apte apte

Ex. : re te tape rape terre patte pie parer perte rate

I   pipe pipe pipe pipe pipe pipe pipe
rire rire rire rire rire rire pipe

Ex. : pi ti zi riz api pari pire pite zizi pari paria paie paire papier are araire partie partir pipette piquer piper petite

O   pot pot pot pot pot pot pot pot pot
rot rot rot rot rot rot rot rot rot

Ex. : roi toto porto porte porter poterie priori propre prote poire azote azotate

U   rue rue rue rue rue rue rue rue rue
pur pur pur pur pur pur pur pur pur

Ex. : ut tutu oui pur paru peur azur tour atout poutre rouet rouer rouette appui autrui porteur parieur poireau orateur zouzou azurer

Y   paye paye paye paye paye paye paye
type type type type type type type

Ex. : zy py ry ty typo youyou yttria pyrite

ÉTUDES

sur les premier et deuxième rangs

M   mie mie mie mie mie mie mie mie mie
mer mer mer mer mer mer mer mer mer

Ex. : ma me mo mi my mare mur mort mite mourir marteau

Q   qui qui qui qui qui qui qui qui qui
que que que que que que que que que

Ex. : quoi quart quai quatre queue quitter quorus quarte

— 23 —

L   lui lui lui lui lui lui lui lui lui
lot lot lot lot lot lot lot lot lot

   Ex. : loi lait laie lieu lire lyre
lieur litre loyer quel lili mal mol
miel mil mule maire mirer mâle malle
merle mille moule momie murir murer
myope martel martelet morale liqueur
quelque loupe louer miroir lotir
loute marier lutter morue lutte mule
mulette loueur naturel larme limite
limier merleau larmoyer lazaret loup
merlette layette laitier lamette lot
lamelle quelque

S   seul seul seul seul seul seul seul
soir soir soir soir soir soir soir

   Ex. : sep sape sorte sortie soie sel
saloir sortir soupir laisse suaire
salaire liste sautoir sauteur somme
sommier liesse liasse liseur selle
sellerie sellettte semestre lisette
surseoir simpliste saisie serpolet
lisette lazariste solitaire simple
simplisme syllepse

K   ksar ksar ksar ksar ksar ksar ksar
kaki kaki kaki kaki kaki kaki kaki

   Ex. : kilo kyste kiosque kaiser kappa
karakul kermesse

D   dire dire dire dire dire dire dire
demi demi demi demi demi demi demi

   Ex. : dada dodo dot due dur dieu dune
dadais dalle date dupe derme drapier

douar doute darder depuis diluer don
dompter dissolu diorama dormir drap
drapeau demeurer diastase diastyle
distiller demoiselle maraud modeler
maraudeur modal mordre muid modèle
moutarde myriade

J jupe jupe jupe jupe jupe jupe jupe
jury jury jury jury jury jury jury
   Ex. : jus jeu jurer juste joute jeu
jarre jarret jaque joyau japper joue
joliet jasper jouter jaquette jarret
jars joujou joliette jouisseur jour
jouteur jumelle majeur juriste juste
justesse jumeler majorat.

F file file file file file file file
foie foie foie foie foie foie foie
   Ex. : fer fil feu fur fol fat fut foi
firme flirt fille femme faire faste
filer foliot fouet forte fou foule
fosse foyer fraise frappe frimas
fraude fureur faillir former floral
follet former formel froid froisser
fouiller filature fusil fusiller feu
feuille mufle justifier salsifis

H haie haie haie haie haie haie haie
hale hale hale hale hale hale hale
   Ex. : hile hype haire heurt heure
hulot hydre hameau hilare hisser
hochet halet halte haras harpe hampe
hardi harde herse housse hostie huit
huitre humeur hallier harasse heurt

heurter hydrate humoral haquette
historiette home hyposulfite homme
hydraulique

G gale gale gale gale gale gale gale
gaie gaie gaie gaie gaie gaie gaie

Ex. : gaz gai garde gageur gazer gare
geste gras godet gilet gloser gris
gifler gypse grippe gloire galette
girouette gouailleur gamme grisou
glisseur grillage gorille glorieux
gloriette grattage galerie glisser
glissoire gagerie logeur mirage geai
syllogisme jaugeur jappage syzygie
fromage jauge figue horloger figer
litige fatigue horlogerie mitiger
lotographe myographe hippophage sage
girelle sagesse.

EXERCICES
des troisième et première rangées

N nuit nuit nuit nuit nuit nuit nuit
nain nain nain nain nain nain nain

Ex. : non nier nuire nitre notre nez
nain nota nappe narine nue noir nos
note nous nippe noyer neutre

W writ writ writ writ writ writ writ
writer writer writer writer writer

B bien bien bien bien bien bien bien
beau beau beau beau beau beau beau

Ex. : bobo bon boire but burin but

buter butin bureau ruban bonbonne
bennir baronnet bateau butiner

X   ixia ixia ixia ixia ixia ixia ixia
ixora ixora ixora ixora ixora ixora
   Ex : axe oxyton oxyure excepter axe
excorier

V   vie vie vie vie vie vie vie vie vie
vari vari vari vari vari vari vari
   Ex : vue vive venir varia varan
vautour venant virer vernir vente
verbe verne vanner vitre verre vie
ventre provenir vibrer vive vivace

C   ceci ceci ceci ceci ceci ceci ceci
   Ex : cab canne cru col cane cette
cire cave cuve coin cuivre court cour
coran cuit csar coeur canon ceinture
caveau cyanure

EXERCICES
sur les trois rangs

N   nage nage nage nage nage nage nage
nous nous nous nous nous nous nous
   Ex : nid non son nique nord notre
nitrique nominal normand naseau
nuage nymphe parian dindon alpin
fusain morne monture

W   wisky wisky wisky wisky wisky wisky
wagon wagon wagon wagon wagon wagon
   Ex : underwood

B bille bille bille bille bille bille
belle belle belle belle belle belle

   Ex. : bleu bijou balle bosse boule
billet beignet bestiole boussole bon
bossoir bandit banquet buttoir bond
bande bouffon battage bouffon

X xyste xyste xyste xyste xyste xyste
xylol xylol xylol xylol xylol xylol

   Ex. : exact exaction xylophone
excaver xystique exhausser exaucer
xylophage xystre

V volta volta volta volta volta volta
vague vague vague vague vague vague

   Ex. : vol val vil vomir valet voire
voyelle visage volume vouloir voie
vulgo vulgaire vigie vidame vagir
valeur velours version valse vente
vaisseau vendeur vieillir vieille
verseur

C cale cale cale cale cale cale cale
cours cours cours cours cours cours

   Ex. : col cil cas cabale cercle cou
clocher caveau clin cage coma col
cygne cupide cassis crosse cachet
canard chiffre colle

Répétition

massue familial coke diffa largeur clef
climat solide lourd paladier sel hussard
luzette sylphide godet sage ladrerie met

cycliste sadique mai lymphe juif sourd
accolade messe galle loger quadrature
laid cacolet flegme larmier souffle lui
large quasi hommage grasset passer masse
commis hostile juger donner dommage gale
candi haquet galet galette cellule pari
musique hippique molester colique gilet
hidalgo nitrique griffe cyanose merise
famille musiquette grillage cendre nid
cylindre militaire gade famille cadet
homogamme masseur greffe saisissable
calcul myosotis griffe messie fossette
cafard cyclisme morose fouetter calculer
herseur cyclisme feuille surmonter
dallage chameau formule humage major mot
mont multiplier gala gaze grille muffle
mouffle hydropique merisier familier
figue solitude hochet murenne liturgie

Aller lentement, la vitesse viendra avec la pratique.

Ne jamais passer à l'exercice suivant sans posséder à fond le précédent.

nous ne saurions trop recommander aux parents
de donner une situation à leurs enfants
notre enseignement est bien supérieur à tout autre
je bois de l'eau à la fontaine de cette place
la potasse est extraite des cendres de certaines plantes
il fut victime d'une tentative de chantage
cette cathédrale est construite dans le style gothique
ce peintre a un goût artistique très vif
il a coutume de conduire ces troupeaux au pâturage
la sentinelle s'était endormie pendant la nuit
cet étourdi a mis le feu à son édredon
la retraite aux flambeaux a marqué le début de la fête
ils rentrèrent tous dans la maison du marchand drapier
ce roturier fait preuve d'une noblesse de caractère
un tribun harangua la foule et secoua sa torpeur
ces employés ont signé une adresse
la fermière va traire la vache de très bonne heure
le monopole des allumettes a été accepté
l'interne est inexcusable de n'avoir pas diagnostiqué
l'architecte va construire d'après ses plans artistiques
le génie dramatique de l'auteur de cette pièce s'affirme
le paléontologiste fit de remarquables découvertes
le dernier recensement n'a pas accusé un accroisement
le président a montré son mécontentement
la passion est le mobile de certaines actions
une telle solution n'est pas à sa disposition
les réclamations ont été nombreuses

◇ ◇ ◇ **Si l'ÉCOLE LONGIN est la mieux
fréquentée et la plus suivie, elle le doit à
sa Méthode d'Enseignement.** ◇ ◇ ◇ ◇ ◇ ◇

EXERCICES
de Majuscules.

Le premier résultat... Mais il y avait... Le décret du
1er Septembre... A chaque terme... Il y a... Bon
pour 100 francs!... Donc... Et puis... Eh bien...
Va-t-on... Et s'est-on... Une autre mesure...

(Répéter ces phrases).

Avoir son « chez soi »... La Ville de Paris... Pour
être Membre... Les Membres du Bureau... Son bureau
est celui du Conseil... Mutilés de la Guerre, associons-
nous !...

(Répéter ces phrases).

Le département de l'Ain comprend : Bourg, comme
Préfecture ; Belley, Nantua, Gex, Trévoux comme Sous-
Préfectures.

La Seine est un fleuve qui prend sa source près de
Saint-Germain-Source-Seine, dans la Côte-d'Or, et se
jette dans la Manche. Elle arrose les départements suivants : Côte-d'Or, Aube, Seine-et-Marne, Seine, Seine-
et-Oise, Eure, Seine-Inférieure.
Elle baigne Châtillon-sur-Seine, Bar-sur-Seine, Troyes,
Nogent-sur-Seine, Montereau, Melun, Corbeil, Paris,
Mantes, Caudebec, Elbœuf, Rouen, et se termine entre
le Havre et Honfleur.

Le Rhône prend sa source en Suisse, au glacier du
Rhône, au col de la Furka, arrose le Valais, traverse
le lac Léman, entre en France, où il baigne les dépar-
tements de l'Ain, Haute-Savoie, Savoie, Isère, Rhône,
Loire, Ardèche, Drôme, Vaucluse, Gard, Bouches-du-
Rhône.

Il passe à Sion, et Genève (Suisse), Lyon, Vienne,
Tournon, Valence, Avignon, Tarascon, Beaucaire, Arles,
et se jette dans la Méditerranée en formant le delta de
la Camargue.

La Loire, le plus long fleuve de France, prend sa source
dans les Cévennes, au mont Gerbier-des-Joncs, arrose
le Puy, Roanne, Nevers, Cosme, Gien, Orléans, Blois,
Amboise, Tours, Saumur, Anceny, Nantes, Paimbœuf
et Saint-Nazaire, et se jette dans l'Atlantique après un
parcours de 980 kilomètres.
Elle baigne les départements suivants : l'Ardèche,
Haute-Loire, Loire, Saône-et-Loire, Allier, Nièvre, Cher,
Loiret, Loire-et-Cher, Indre-et-Loire, Maine-et-Loire et
Loire-Inférieure.

La Garonne, fleuve de France qui naît dans le Val-
d'Aran (Pyrénées Espagnoles) et se jette dans l'Atlantique. Elle arrose les départements suivants : Haute-Ga-
ronne, Tarn-et-Garonne, Lot-et-Garonne, Gironde et Cha-
rente-Inférieure, et passe à Saint-Gaudens, Muret, Tou-
louse, Agen, Marmande, La Réole, Bordeaux, Blaye.

(Répéter ces phrases).

C'est une victoire que d'être vaincu par le Roi de
France
Général Aviano à Agnadel (1509).

Que laisserez-vous aux Romains ? — La vie.
Alaric au sac de Rome (400).

Merci, zouaves ! Général de Saint-Arnaud à l'Alma (1854)

Je n'ai que deux fils : je vous les donne.
Une patriote Italienne à Garibaldi (1807-1882).

Je n'ai qu'à frapper la terre pour en faire sortir des
légions. — Pompée contre César (50 av. J.-C.)

J'ai de l'or pour mes amis, du fer pour mes ennemis
Marcien, empereur d'Occident, à Attila (450).

Avec toutes leurs flammes, ils ne me chasseront pas de mon royaume.
Charles V voyant les Anglais incendier les villages autour de Paris.

Le bruit des balles sera désormais ma seule musique
Charles VII attaquant la Russie (1700).

Il faut finir par un coup de tonnerre.
Napoléon à Austerlitz (1805).

Avant un mois nous serons à Vienne.
Napoléon au siège de Ratisbonne (1809).

Un Roi de France doit mourir debout.
Saint-Louis à Damiette en se soulevant, mourant, sur son lit de cendres (1270).

Soldats, souvenez-vous que vous défendez ici vos liber-tés.
Le maréchal Ney à Waterloo (1815).

Soldats, droit au cœur.
Le maréchal Ney, au moment d'être fusillé (1815).

La France est assez riche pour payer sa gloire.
Général de Bernis, au début de la campagne de 1870.

Nous périrons ensemble ou nous sauverons l'État.
Louis XIV au maréchal de Villars après Malplaquet (1709).

Je deviens guerrier parce que j'étais citoyen.
Réponse du général Moreau à ses juges (1804).

Mon fils… l'armée… Desaix…
Dernières paroles de Napoléon Ier (1821).

Je suis Français et mourrai Français !
Maréchal Ney à ses juges (1815).

Quand je mourrai, l'Univers fera un grand : « Ouf ! »
Paroles de Napoléon Ier (1813).

Le mot « impossible » n'est pas français.
Napoléon Ier au général Lemarois (Juillet 1813).

Rends tes armes. — Viens les prendre.
Réponse de Léonidas aux Perses (480 av. J.-C.)

Rendez-vous ! — Quand vous m'aurez rendu ma jambe.
Le général Daumesnil (amputé) au siège du donjon de Vincennes (1814).

Soldats ! la fortune nous abandonne, elle nous servira demain.
Garibaldi au siège de Rome (1850).

Si tu veux la paix, prépare la guerre.
Parole de Caton l'Ancien (237-242 av. J.-C.).

Dieu de Clotilde ! si je suis vainqueur, je me ferai baptiser.
Clovis avant la bataille de Tolbiac (495).

Souvenez-vous que je me nomme « Arcole ».
Paroles de Jean Fournier, petit tambour, à l'assaut du pont de Grève (1830).

Modèles de Lettres

Monsieur,

N/ sieur Briant ayant été appelé à faire partie du Conseil d'Administration de la Compagnie du chemin de fer d'Orléans, notre société, qui d'ailleurs touchait à son terme légal, n'existera plus à partir de ce jour que pour pourvoir à sa liquidation, dont le soin reste confié à n/ sieur Désives. Celui-ci conserve à cet effet le droit d'user de la signature sociale.

Nous avons bien l'honneur de vous saluer.

NOTA. — Cette lettre étant très courte, il serait préférable, afin qu'elle flatte mieux l'œil de la faire avec l'interligne 2.

Monsieur,

En réponse à votre honorée du 6 courant, j'ai l'honneur de vous transmettre, ci-joints, les renseignements que nous fait parvenir, aujourd'hui même, notre agence d'Annonay.

Agréez, Monsieur, mes salutations distinguées.

Pour le Directeur du Crédit Lyonnais
Par procuration :

Faites votre Travail comme s'il vous était rétribué.

Messieurs BOELLE & C°
banquiers
Marseille

Messieurs,

Nous venons vous prier de bien vouloir faire ouvrir pour notre compte, en faveur de Messieurs Mancé & C°, de Londres, un crédit documentaire de QUINZE MILLE Francs (Fr. 15.000) auprès de la Banque Franco-Britannique de Londres.

Ce crédit devra être utilisé par Messieurs Mancé & C° pour le paiement d'un ou de plusieurs achats de café qu'ils doivent faire pour nôtre compte. Contre l'envoi de la marchandise, Messieurs Mancé & C° sont autorisés à fournir sur nous les traites documentaires à quatre mois de vue, auxquelles les connaissements devront être joints.

L'assurance maritime sera couverte ici par nous-mêmes. Veuillez transmettre par dépêche ces instructions à la Banque Franco-Britannique.

Nous vous remercions d'avance et vous présentons, Messieurs, nos salutations sempressées.

Monsieur TRINOL,
Montauban.

Monsieur,

Nous avons reçu votre estimée du 4 courant, avec deux effets de :

fr. 2.989,　Séville, 30 avril ;
fr. 1.778,35, Barcelone, 25 juin.

que, suivant votre demande, nous vous décompterons après rentrée d'acceptation.

Vos dévoués.

3

Messieurs JOHN & SCHEINER

Birmingham,

Monsieur H. HOKLEY, Newcastle.

Messieurs HAMILTON and SONS,

Edimbourg.

Monsieur Mac CALLUM, Dublin.

Messieurs,

Cette lettre de crédit circulaire vous sera remise par M. Gayrard, un des principaux clients de notre maison qui se rend en Angleterre où il se propose de séjourner deux mois.

Nous vous prions de lui ouvrir sur notre compte, un crédit de vingt mille francs (Fr. 20.000), contre des reçus dont vous voudrez bien nous transmettre le duplicata en vous remboursant à vue sur nous de leur montant et de vos frais.

Veuillez avoir égard à notre recommandation et croire que nous vous serons reconnaissants de toutes les attentions particulières que vous voudrez bien témoigner à notre accrédité.

Agréez, Messieurs, nos salutations distinguées.

L'ÉCOLE LONGIN est unique à Alger,
comme Installation, Salle de Sténographie,
Salle de Dactylographie, etc..,
et comme Méthode d'Enseignement

Monsieur,

D'ordre et pour compte de MM. Bidon frères, de Marseille, nous avons tiré sur vous, à la date de ce jour pour :

Fr.   500 à notre ordre et à 30 jours ;
—   1.200 à l'ordre de P. Piannol, à
                25 jours de vue ;
—   2.000 à l'ordre de Driol et Cᵒ, à
                45 jours de date.
        ______
Total :   3.700

dont nous vous prions de prendre bonne note pour le débit de MM. Bidon frères, qui nous informent aujourd'hui vous avoir avisé de la création des dites traites.

Veuillez agréer, Monsieur, nos salutations empressées.

Monsieur,

Sous les auspices de M. le Directeur de l'École Supérieure de Commerce d'Alger, dont je suis un ancien élève, j'ai l'honneur de solliciter l'emploi de comptable actuellement vacant dans votre maison. J'ai des connaissances complètes en comptabilité commerciale, industrielle et financière et de bonnes notions d'anglais, d'allemand et d'espagnol.

Si ces connaissances, jointes aux références de premier ordre que je puis fournir, sont des titres suffisants pour mériter votre confiance, j'ose espérer que vous voudrez bien me l'accorder.

Veuillez agréer, Monsieur, mes salutations empressées.

Messieurs Signol & Cᵒ, Londres.

Monsieur,

En réponse à votre honorée du 29 juin dernier, je vous prie de m'acheter 300 balles de farine Howard S. T. sur échantillon bien garanti et à 26 schellings. Il me serait impossible de dépasser ce prix, si j'en juge d'après les offres faites hier sur notre marché du Havre.

Je suis, Messieurs, votre dévoué serviteur.

Messieurs DESPORTES & Cᵒ

Beaujeu (Rhône).

Messieurs,

Nous référant à votre lettre du 22 courant, nous avons l'avantage de vous donner ci-dessous, nos meilleurs prix de transports demandés pour vos expéditions de chiffons en balles pressées, de Beaujeu et de Givors, à destination des principaux ports de l'Amérique.

CHIFFONS pour PAPETERIES
(En balles pressées)

1ᵒ De gare de Beauvais sur wagon à :

New-York
Philadelphie   fr.   40,00
       et
Baltimore
Boston

1º   De gare de Beaujeu sur wagon à :

New-York   fr. 42,50 par 1.000 kil. par 10 tonnes
    —   — 41,00 —   —   —   — 20 —
Philadelphie   ) — 40,00 —   —   —   — 10 —
et Baltimore   ) — 39,00 —   —   —   — 20 —
Boston   — 32,00 —   —   —   — 15 —

IIº De gare de Givors sur wagon à :

New-York   fr. 40,00 par 1.000 kil. par 10 tonnes
    —   — 39,00 —   —   —   — 20 —
Philadelphie   ) — 38,00 —   —   —   — 10 —
et Baltimore   ) — 36,00 —   —   —   — 20 —
Boston   — 32,00 —   —   —   — 15 —

Droits et débours de douane en sus comme d'usage.

Faculté de charge en pontée.

Pour chaque expédition, nous vous prions de revendiquer le tarif spécial d'exportation pour les pays hors d'Europe.

Nous espérons que ces conditions vous permettront de nous confier vos expéditions, et dans l'attente de vos bonnes nouvelles, nous vous prions d'agréer, Messieurs, nos salutations empressées

Par procuration :

◇ ◇ **Travaillez lentement,** ◇ ◇

la vitesse viendra par la suite

Monsieur D U R I Z , Dijon.

Monsieur,

Ainsi que vous me l'ordonnez par votre lettre du. . . . ., j'ai attendu un peu de baisse sur notre marché et j'ai amené les détenteurs du chargement de coton du navire La Louisiane à se montrer moins exigeants. Leur courtier est venu hier me faire une offre, dont je vous transmets ci-après le détail ; je compte encore obtenir une légère diminution sur le numéro 3, bon courant.

	BON ordinaire	COURANT inférieur	COURANT	BON courant
Pernambouc.	90	100	101	110
Louisiane ...	86	96	102	108
Géorgie ...	80	87	90	106
Mobile...	84	90	100	110

La situation des cotons en France et en Angleterre me porte à croire que la spéculation sur cet article offrira, dans un avenir prochain, de très sérieuses chances de gain. Différez de quelques jours, vous serez averti à temps.

Agréez, Monsieur, mes salutations empressées.

Monsieur DELPOINTE, Lyon.

Monsieur,

  Les circonstances où je me trouve et le besoin d'argent me forcent à vous présenter votre mémoire.

  J'aurais voulu ne point vous importuner ; la nécessité m'y contraint ; j'ose croire que vous ne m'en saurez pas mauvais gré.

20 janvier.	— 4 mètres de drap d'Elbœuf à 60 fr. le mètre......................	fr.	240,00
10 février.	— 2 gilets......................	—	48,00
8 mars.	— 2 mètres 75 de velours plein à 10 fr. le mètre	—	27,50
21 —	2 mètres 25 drap de soie noire, à 12 fr. le mètre...	—	27,00
5 avril.	— 3 pièces de nankin des Indes, à 8 fr. 50 la pièce ...	—	25,50
8 mai.	— 1 mètre 75 de drap bleu de Londres, à 33 fr. le mètre.	—	90,75
14 août.	— 2 gilets de piqué, à 11 fr.	—	22,00
	Total....	fr.	480,75

  S'il vous est possible, Monsieur, d'acquitter cette somme en ce moment, vous obligerez beaucoup celui qui se dit votre très humble serviteur.

Monsieur G r i s o l

<u>A o s t e</u>

Doit

A Michalot, Sion, pour expédition à son compte
et à ses risques, d'une balle marquée et numérotée
comme en marge, contenant des mexicaines, par l'entre-
mise des chemins de fer de l'Est et de Lyon-Méditer-
ranée, petite vitesse, et à l'adresse de Monsieur Mallet,
à Draguignan, pour en suivre les ordres, payables
comptant à Sion ou à Lyon.

———————————— Savoir —————————————

```
A B  ( N° 1 (( 24.25 — 57.1        )              )              )
N° 500 (   2 (( 29.29 — 68.8       )              )              )
       (   3 (( 31.30 — 73.0       )     600      )              )
       (   4 (( 29.30 1/4 70.7     )              )              )
       (   5 (( 35.35 3/4 84.5     )   mètres     ) 1.035,00     )
       (   6 (( 28.28 3/4 66.2     )              )              )
       (   7 (( 31.30 — 72.0       ) mexicaines   )              )
       (   8 (( 27.27 — 64.0       )              )              )
       (   9 (( 29.29 — 70.0       )              )              )
       (  10 (( 27.26 1/4 63.4/10  )              )              )
       (                           )              )              )
       (         Frais             )              )              )
       ( Tonte et apprêt de        )              )              )
       (   690 mètres à fr.  0,10  )    69,00     )              )
       ( Pliage à 20 cou-    —     )              )              )
       (   pes............   — 0,25 )    5,00      )              )
       ( 5 mètres toile            )              )              )
       (   d'emballage.. — 1,00    )    5,00      )              )
       ( Commission sur            )              )              )
       (   1.035 à 2 o/o.          )    20,70     )    99,00     ) 70,00
                               Fr....)——————————)————
                                    ) 1.134,00  ) 70,00
```

Monsieur,

J'ai reçu ce matin mon compte de la liquidation fin août. Conformément à ma lettre du 21 mars dernier, je vous envoie par chèque la somme de fr. 1.315,60, montant de la différence débitrice.

Veuillez vendre ferme fin courant :

4.000 fr. Suez 5 °/₀ — 610.
5.000 — Crédit Foncier Egyptien 3 1/2 °/₀ — 456,50.
5.000 — Est (nouvelles) 3 °/₀ — 426.

Recevez, Monsieur, mes salutations distinguées.

Monsieur,

Je vous prie de vouloir bien me retourner aussitôt vides, en gare de Chagny (Saône-et-Loire), tarif spécial, les fûts désignés ci-dessous, afin qu'ils ne s'altèrent pas.

Date de la Facture	Marque	Numéros	Désignations	Observ.
4 Mars 1915.	E B M	867	V. rouges	
— — —	— — —	868	— —	
— — —	— — —	869	— —	
— — —	— — —	870	— blancs	
14 Avril —	A O Z	953	— rouges	
23 Mai —	L M H	1432	— —	

Je profite de la circonstance pour vous réitérer mes offres de services auxquels, comme par le passé, je donnerai tous mes soins.

Veuillez agréer, Monsieur, mes salutations empressées.

A Monsieur BERNARD,

Thionville.

Monsieur,

Nous avons commencé le ..... et terminé, hier, la dernière série de nos ventes de cette année.

La quantité offerte en vente consistait en :

15.000 balles de laine du Pérou et de Rio ;
 3.000   — — — de Perse ;
 2.500   — — — de Tunis, Mogador ;
 1.000   — — — de Donskoï, etc. ;
   450   — — — d'Egypte, de Syrie, etc. ;
   600   — — — d'Allemagne ;
   700   — — — d'Angleterre ;
   200   — — — d'Espagne ;
   175   — — — d'Irlande.

Total.. 24.425

Comme vous le verrez, Monsieur, en consultant notre circulaire de l'année dernière, de même date, la quantité des laines offertes en vente, sur notre marché, est assez faible. On a surtout recherché les sortes longues, blanches et jaunes, qui ont obtenu une hausse de 1 à 2 par livre sur les cours du mois d'octobre dernier ; les espèces grossières ont baissé de 1/2 ; nos noires et nos grises indigènes ont baissé de 1/4 seulement.

Les laines de <u>Bosnie</u> et de <u>Géorgie</u>, avariées et tachées, ont été retirées en majeure partie, faute de prix suffisants offerts aux détenteurs.

Les meilleures sortes de <u>Mogador</u>, demandées à des prix vraiment dérisoires, ont été retirées conformément aux instructions données par leurs détenteurs ; on a pourtant vendu 500 Mogadors rousses, dans les prix de ..... la livre.

La majeure partie des <u>Donskoï</u> est graisseuse ; elles ont trouvé peu d'acheteurs. Les <u>Espagnoles</u> noires courtes, mais très fines, se sont vendues en hausse ; les Perses et les Limas ont été retirées, en partie, par suite d'enchères non couvertes. Nos laines d'Ecosse, ne trouvent preneurs que pour une faible partie de Highland.

Voici les prix des principales sortes, enlevées très facilement et très avantageusement aux dernières ventes publiques :

		Par Livre
	(Noire................	de 65 à 7 1/2
	(Grise...............	— 5 à 5 1/4
	(Blanche.............	— 10 à 19
Indes Orientales	(Blanche extra longue	— 9 à 19 1/2
	(Grise...............	— 4 à 4 1/2
	(Déchets et Rebuts...	— 2 à 4 1/4
Egypte	(Toison blanche......	de 10 à 11 1/4
	(Grise et noire	— 13 à 14 1/2
Perse	(Blanche.............	de 16 à 20
	(Toison blanche......	— 20 à 20 1/2
Georgie................		de 9 à 10 1/4

La dernière série annuelle des ventes aux criées de laines de nos colonies a commencé hier matin à Londres ; les sortes courtes sont en baisse de 1/4 ; les sortes longues en hausse de 1/2.

Salutations empressées.

Messieurs M I L L E T & C°,

Havre

Messieurs,

Nous avons reçu, aujourd'hui, les marchandises expédiées le 14 courant, par petite vitesse.

Votre facture s'élevait à...... fr. 3.483 00
A déduire 1 % d'escompte... — 34 85
Valeur ce jour.......... fr. 3.448 15

En règlement, veuillez trouver ci-joint :

1° Fr. 1.583 75 Paris 15 mars.
  5 55 agio,
  1.578 20 net, valeur ce jour,
2° Fr. 1.869 95 chèque sur le Crédit Lyonnais de votre ville.

Total Fr. 3.448 15 valeur ce jour.

Nous vous prions de nous accuser réception de notre règlement.

Veuillez agréer, Messieurs, nos salutations empressées.

A.........

Monsieur,

J'ai l'honneur de vous accuser réception de la lettre que vous m'avez adressée le 15 courant, laquelle m'apportait votre remise de :

             1 000 Fr. en billet de banque.
             1 000 Fr. sur B..... jeune.
             1 000 Fr. v/ billet au 15 juillet.
               500 Fr. — — — 15 septembre.
Ensemble   3 500 Fr. que je porte à v/ crédit.

Agréez, Monsieur, mes civilités.

———

Monsieur,

J'ai l'honneur de vous accuser réception des remises que vous avez bien voulu me faire pour solder v/ fact/ des 1er et 15 mars.

        Fr. 1 000 Paris, fin courant.
          —   500 — — avril.
          — 1 000 — — mai
Ensemble   2 500 conforme à v/ bordereau.

J'en soignerai la rentrée au crédit de v/ compte.

Entièrement dévoué à vos ordres, je vous présente mes salutations bien sincères.

Circulaire de la Maison Bonhomme & C°, à ses correspondants de Tunisie et d'Algérie.

Saint-Denis, le 9 mai 1915.

Messieurs,

A notre dernier prix courant, nous joignons de courtes observations sur la position de quelques-uns de nos articles de notre place.

Cacao du Para............. — En baisse.
Amandes douces de Sicile. — Fermes à .... banco.
Café...................... — Vente difficile à moins d'énormes réductions sur les prix ; la semaine dernière, on a vendu cependant 2.000 sacs de Saint-Domingue et 1.000 sacs de Brésil.
Camphre .... — Peu demandé.
Grains .... — Vente difficile, arrivages en seigles ; graine de trèfle, baisse constante ; navette assez demandée.
Gingembre. .... — En baisse.
Cochenille .... — En hausse.
Laines .... — Très lourdes ; les qualités supérieures sont seules recherchées dans les prix de .... banco.
Indigo.................... — Prix assez bon, mais peu de vente.
Raisins de Corinthe et de — Tendance à la hausse,
       Zante ....   par suite d'approvisionnements insuffisants pour répondre aux nombreuses demandes des acheteurs.

Riz...................... — Nous n'avons plus qu'un stock de 3.000 tonneaux; les prix s'élèvent de jour en jour.

Poivre et piment......... — Très lourds ; peu de demandes.

Tabac.................... — Baisse sur les Saint-Domingue ; hausse sur les Virginie et les Kentuchy

Sucres bruts............. — Peu demandés ; quelques ventes dans les mois précédents,

Sucres raffinés.......... — Assez demandés.

Thés .... — Il n'y a pas d'affaires importantes que sur l'espèce dite poudre à canon, dont 200 caisses ont été enlevées en quelques jours.

Vos bien dévoués serviteurs.

Certificat d'origine.

Je soussigné, Michalot, fabricant, demeurant à Sion, déclare expédier à l'étranger, pour sortir par le bureau de...., une balle marquée A B, et numérotée 500, comme en marge, contenant des coupes mexicaines étoffes croisées en coton et en laine, provenant de ma fabrique et revêtues de ma marque, dont l'empreinte est ci-contre, mesurant ensemble 690 mètres (six cent quatre-vingt-dix mètres), pesant brut cent quatre kilogrammes ; et net quatre-vingt-dix-huit kilogrammes, dont la valeur est de mille trente-cinq francs.

——————————— savoir ———————————

```
     ( Nº 1 (( 24,25 — 57.1    )             )
     (    2 (( 29.29 — 68.8    ) 690 mètres )
A B  (    3 (( 31.30 — 73.0    ) mexicaines )
     (    4 (( 29.30 1/1 70.7  ) dont plus de )
Nº 500 (  5 (( 35.35 3/4 84.5  )   moitié    ) 1.035,00
  M  (    6 (( 28.28 1/4 66.2  )    est      )
  à  (    7 (( 31.30 — 72.0    )  composée   )
Sion (    8 (( 27.27 — 64.0    )     à       )
     (    9 (( 29.29 — 70.0    )  1 fr. 50   )
     (   10 (( 27.26 1/4 63 4/10 )           )
```

——————————

Le tout pour jouir de la prime accordée par la loi, que je cède à Monsieur Mallet, commissionnaire à Draguignan (Var), laquelle prime sera ordonnancée en sa forme et payable, sur avis de la douane, par Monsieur le Receveur du bureau de.... à raison de... par quintal métrique, comme tissu de coton pur.

À Sion, ce 29 mars 1916.

———————————

Ne regardez jamais votre clavier

NOTE de DEPOTAGE :...... date ....

.... Nom........... Prénoms......... Lieu...........

Marques	Numé-ros	Cuve No	Poids			Observations
			Brut	Taré	Net	
E M C	160	1	754	147	607	
— — —	161	—	750	151	599	
— — —	162	—	673	139	534	
— — —	163	—	694	149	545	Faisant
— — —	164	—	718	151	567	11°07
— — —	165	—	692	147	545	en moyenne
— — —	166	—	686	149	537	
— — —	167	—	701	153	548	
— — —	168	—	708	147	561	
— — —	169	—	666	139	527	
			7,042	1,472	5,570	
I H F	100	7	698	151	547	
— — —	101	—	725	149	576	10°09
— — —	102	—	710	143	567	
— — —	103	—	684	139	545	
			2,817	582	2,235	
J B	75	12	706	151	555	
—	76	—	777	177	600	12°04
—	77	—	699	159	540	
			2,182	487	1,695	

Modèles d'Enveloppes

Monsieur Jean NICOLAS,
      sergent mitrailleur

4ᵐᵉ Cⁱᵉ - 1ᵉʳ Bat. de Zouaves
          Secteur 151

Mademoiselle Yvonne PETIT,
     Sténo-Dactylographe

rue de Chapelle, 7
    (XVIIIᵐᵉ arrond.)   PARIS

Le goût, pour la mise des adresses sur\enveloppe, est la première des qualités, et certainement une adresse bien mise dénote immédiatement un bon employé.

Monsieur J. LEGRAND
laines

rue de la Préfecture, 99
ROUEN

Messieurs BLANC & GIROD,
banquiers

13, rue de la République
LYON

Monsieur René BOURGOIN
propriétaire

Domaine d'Amourah
DOLLFUSVILLE, par Lavigerie
(Alger)

Modèles divers et Tableaux

BANQUE DE L'AFRIQUE OCCIDENTALE.

Bilan au 30 Avril 1916

ACTIF

Caisses...............................	12 497 624 f, 08
Dépôts de monnaie...................	90 000 ,))
Portefeuille.........................	14 814 728 , 62
Effets en souffrance.................	1 ,))
Divers comptes à régler.............	542 475 , 28
(Paris 636 170 f, 04)	
Immeubles (Succursales)	1 246 317 , 62
(610 147 f, 58)	
Frais de 1er établissement et de fabrication de billets au porteur.	157 657 , 78
Matériel et Mobilier.................	177 099 , 67
Frais généraux......................	154 802 , 25
Transports et assurances............	51 737 , 63
Banque de France...................	243 605 , 08
Versements appelés..................	4 500 000 ,))
Comptoir National d'Escompte de Paris................................	7 709 798 , 86
Fr.....	42 185 845 , 97

PASSIF

Capital. . . . . 6 000 000 f,))

Réserve statutaire.   217 500,)))

Fonds de prévoyance
   statutaire. 415 999, 94)

Réserve spéciale. . . 1 500 000,)))   2 923 499 f, 94

Réserve immobilière   640 000,)))

Réserve pour risques
   de guerre. . . . . . .   150 000,)))

         (des matériel

A-   (et mobilier. 176 356, 51)

mor- (des frais de

tis- (1er établis-   329 843 f, 06

se-   (sement et de

ment. (fabrication

         (des billets

         (au porteur. 153 486, 55)

Billets au porteur en circulation. . .   20 526 640 f,))

Effets à payer . . . .   1 260 481 , 39

Comptes courants. . . . .   3 734 752 , 97

Dividendes à payer. . . . .   45 996 , 60

Divers comptes à régler. . . . .   872 186 , 57

Correspondants divers. . . . .   441 843 , 41

Réescompte du portefeuille. . . . . . .   20 914 , 05

        (Report au)

        (31 décem-) 468 001 , 02)

        (bre 1915.)

Profits (Intérêts et)

        (commis-)

        (sions du) 560 286, 96)

et   (semestre)   1 029 687 f, 93

        (en cours.)

        (Recouvre-)

        (ments s/)

Pertes (effets en)   1 400,))

        (souffrance)

        (amortis.)

             Frcs. . . . .   42 185 845 f, 97

ASSOCIATION AMICALE
des ANCIENS et ANCIENNES ELEVES
de
L'ECOLE LONGIN

Siège Social, — Place Bugeaud, 1 — Alger.

STATUTS

Article 1ᵉʳ. — But.

L'Association Amicale des Anciens et Anciennes Elèves, fondée à Alger en. . ., a pour but :

1° De constituer le patronage des Jeunes Elèves par les Anciens ;

2° D'établir entre tous les sociétaires des relations amicales ;

3° De procurer, dans la mesure du possible, des emplois en rapport avec leurs connaissances et leurs références à ceux de ses adhérents qui en sont dépourvus.

Article 2. — Siège.

L'Association a son Siège Social à Alger, place Bugeaud 1, mais il peut être transféré suivant les besoins de l'Association.

Article 3. — Membres de l'Association.

L'Association se compose de Membres Actifs et de Membres d'Honneur.

Les Membres Actifs sont les Anciens et Anciennes Elèves de l'Ecole, présentés par le Comité, agréés par l'Assemblée et, qui paient une cotisation de.... Francs par an.

Les Membres d'Honneur sont les personnes qui ont contribué à fonder l'Association ou qui ont rendu à celle-ci des services pour le placement des Elèves.

Ils sont proposés à l'Assemblée Générale par le Comité, et, une fois nommés, sont invités à donner leur acquiescement qui ratifie leur nomination.

Ils ont droit d'assister aux assemblées générales, avec voix délibérative.

La cotisation des Membres d'Honneur n'est pas exigible.

Le Président d'Honneur fait partie du Conseil d'Administration. Il a voix délibérative au Comité et à l'Assemblée.

Article 4. — Ressources et Moyens d'Action de l'Association

Les ressources de l'Association se composent :

Des cotisations et des souscriptions de ses membres.

Des subventions qui pourraient lui être accordées.

Des dons qui pourraient lui être faits

Les moyens d'action sont :

1º La création d'une bibliothèque scientifique et professionnelle ;

2° L'organisation de réunions, fêtes, banquets, excursions, etc..., etc... ;

3° Les moyens ordinaires de publicité auprès des commerçants susceptibles d'offrir des emplois à l'Association ;

4° Des prix ou récompenses décernés aux élèves à la suite de concours ou sur la proposition du Comité.

Article 5. — <u>Dépenses.</u>

Il est pourvu aux dépenses annuelles par les cotisations annuelles, les intérêts des sommes versées et par les recettes de tout genre.

Article 6. — <u>Administration.</u>

L'Association est administrée par un Comité de.... Membres... Hommes..., Dames, élus en Assemblée Générale à la majorité relative.

Le Comité est renouvelé par 1/4 chaque année.

Les membres sortant sont rééligibles.

Nul ne peut être élu Membre du Comité, s'il n'est membre actif, Français, et ayant atteint l'âge de 21 ans ; s'il ne jouit de ses droits civils et politiques et s'il ne fait partie de l'Association depuis un an au moins.

Le Comité choisit parmi ses membres un bureau composé d'un Président, de.... Vice-Président , d'un Secrétaire, d'un Trésorier.

Le Bureau est élu pour un an.

Le Comité se réunit en séance ordinaire tous les deux mois.... et chaque fois qu'il est convoqué par son Président, soit sur l'initiative de celui-ci, soit sur la demande du quart des membres du Comité.

La présence de la moitié des membres du Comité est nécessaire pour la validité des délibérations. En cas de partage des voix, la voix du Président est prépondérante.

Tout membre du Comité qui, sans excuse valable, n'aura pas assisté aux séances du Comité par trois fois consécutives sera considéré comme démissionnaire.

Il est tenu procès-verbal des séances. Les procès-verbaux sont signés par le Président et le Secrétaire.

Article 7. — Attributions du Comité.

Le Comité assure l'exécution des décisions de l'Assemblée Générale.

Il arrête chaque année, sur la proposition de son bureau, les comptes à soumettre à l'Assemblée Générale.

Frappez vivement,

sèchement,

sans saccade

Gouvernement Général de l'Algérie

TRAVAUX PUBLICS

Devis Général
Réglant les conditions d'exécution des travaux publics
en Algérie

Chapitre Ier

Qualités et préparations des matériaux

Prescriptions générales

Article 1er. — Tous les matériaux seront présentés à la vérification et à la réception qui doit précéder leur mise en œuvre suivant les dispositions et aux emplacements qui seront désignés par l'Ingénieur dans les états d'indication ou les ordres de services spéciaux. Toutes facilités devront être données pour que l'Ingénieur puisse s'assurer qu'ils satisfont aux conditions et qu'ils possèdent les qualités requises.

Pour ceux qui seraient refusés, l'Ingénieur prendra les mesures qui lui paraîtront nécessaires pour qu'ils ne soient pas employés.

Sables

Article 2. — Le sable sera pur, exempt de toute matière terreuse, criant à la main, ne s'y attachant pas, passé à la claie et, si cela est nécessaire (ce dont, en cas de constatation, l'Ingénieur restera seul juge), tamisé dans un crible dont les mailles auront huit millimètres de côté pour le sable destiné aux maçonneries ordinaires et aux pavages, et

deux millimètres de côté pour le sable
destiné aux enduits et maçonneries de
pierres de taille et de moellons taillés.

Pierres brutes ou cassées pour chaussées et bétons.

Article 3. — Les pierres destinées
aux empierrements ou au béton devront
pouvoir, en tous sens, traverser un anneau de six centimètres de diamètre ;
elles seront passées à la claie et débar-
rassées de toutes matières terreuses et
de tous débris de dimensions inférieures
à deux centimètres. Celles destinées au
béton seront en outre lavées si l'Ingénieur le juge nécessaire.

Les ouvriers employés au cassage
devront être munis d'un anneau ayant
les dimensions prescrites.

Pavés

Article 4. — Les pavés seront d'un
grain fin et homogène, durs, biens lins,
sans fils ni moies. Leur tête sera de
forme rectangulaire et ne devra pas présenter de bosse ou de flache de plus
d'un centimètre.

L'entrepreneur pourra, s'il le juge à
propos, retailler les pavés démaigris
d'un seul côté ou présentant des écor-
nures et les soumettre à la réception
après cette opération, s'ils ont encore
les dimensions exigées.

Chaux grasse

Article 5. — La chaux grasse sera
bien cuite, non éventée et parfaitement
purgée d'incuits, sans mélange de terre,
cendres ou graviers. Elle devra être
légère, d'une consistance crayeuse et
faire promptement effervescence dans
l'eau. On rejettera les parties trop cuites
qui seraient trop longtemps inactives
après l'immersion.

Article 15. — Fers et Aciers.

Les fers seront bien corroyés, doux, non cassants, maléables à froid, nerveux, d'un grain homogène, sans pailles, gerçures, brûlure, ni autres défauts.

Les aciers seront de l'espèce dite douce, non cassants, sans crevasses, pailles, gerçures, boursouflures ou autres défauts.

Les essais pour les fers et aciers se feront sur des barreaux de vingt centimètres de longueur utile rompus par traction au moyen de poids agissant directement ou par l'intermédiaire de leviers.

A moins d'indications spéciales contraires, les fers et aciers devront, dans les essais, satisfaire aux conditions résumées dans le tableau suivant :

Désignation des fers et aciers	Allongement minimum au moyen de la rupture	Résistance minimum par millimètre carré	Observations
Fers ordinaires ..	Seize (16)	Trente deux (32)	L'allongement et la résistance seront mesurés sur des éprouvettes de deux cents millimètres de longueur.
Tôles dans le sens du laminage	Seize (16)	Trente-deux (32)	
Tôles dans le sens perpendiculaire	Sept (7)	Vingt-huit (28)	
Acier laminé...	Quarante-quatre	Quarante-deux	
Rivets en fer....,	Trente-deux (32)	Trente-six (36)	
Rivets en acier...	Cinquante-six	Trente-huit	

Article 19. — Plomb.

Le plomb sera bien épuré, non graveleux ni terreux et exempt de toute matière grasse.

Le plomb pour scellements et joints de tuyaux sera fourni en saumons de seconde fusion.

L'Ingénieur pourra autoriser l'emploi du vieux plomb s'il est convenablement épuré.

Article 20. — Soudures.

L'alliage pour soudure sera formé de plomb et d'étain, sans aucun mélange de bismuth ou autre matière.

La soudure pour plomb sera composée, en poids, de deux parties de plomb pour une partie d'étain.

La soudure pour zinc sera composée, en poids, de deux parties égales de plomb et d'étain.

Article 25. — Quincaillerie.

Les objets de quincaillerie, demandés à l'entrepreneur, devront être exactement conformes aux modèles prescrits et porter les marques de fabrique qui pourront être exigées. Nonobstant ces marques, tous ceux qui présenteraient une défectuosité ou un vice de construction seront refusés.

Ministère de l'Agriculture

RESULTATS COMPARATIFS RECTIFIES
des Enquêtes sur la Situation des Cultures au 1er Mai des Années
1915 - 1916

Blés, Méteil, Seigle, Orges, Avoines

Départements	1er Juillet 1916 Surfaces totales				
	Blé	Méteil	Seigle	Orge	Avoine
	hectares	hectares	hectares	hectares	hectares
Aisne	30 500	»	1 500	950	30 000
Aude	30 000	170	3 680	4 280	23 140
Aveyron	70 000	3 900	17 500	2 500	30 000
Cantal	6 300	890	40 350	2 270	12 030
Dordogne	110 020	1 200	10 000	9 000	11 000
Eure	75 000	50	7 500	(1) 200	66 950
Gironde	65 000	250	15 000	»	9 000
Ille-et-Vilaine	112 300	200	4 300	28 500	85 700
Indre-et-Loire	83 600	100	4 500	4 300	35 000
Loire-Inférieure	130 050	»	2 000	5 100	25 000
Lot	61 500	»	8 100	450	13 000
Lozère	9 800	1 800	30 000	3 800	10 060
Manche	38 500	3 600	2 000	25 000	35 000
Meuse	29 050	»	1 000	3 300	37 000
Nièvre	66 840	»	3 610	8 910	59 570
Nord	38 600	»	480	1 330	15 900
Orne	47 370	3 800	3 900	12 000	46 300
Pyrénées-Orientales	1 900	600	9 800	400	3 400
Savoie	16 800	1 480	7 900	2 000	7 200
Savoie (Haute-)	22 000	1 000	640	800	10 000
Seine-Inférieure	94 070	»	8 150	2 000	74 500
Somme	81 000	1 970	6 120	6 080	92 820
Tarn	85 000	2 800	13 000	2 000	24 000
Tarn-et-Garonne	76 500	200	4 750	4 530	20 300
Vaucluse	47 430	40	360	2 750	10 020
Vienne	118 250	450	5 100	10 000	58 300
Vienne (Haute-)	56 000	»	43 500	950	20 000
Totaux	1 695 600	24 720	252 790	158 340	943 190

Ministère de l'Agriculture

RÉSULTATS COMPARATIFS RECTIFIÉS

des Enquêtes sur la Situation des Cultures au 1er Mai des années

1915 — 1916

Blés — Méteil — Seigle — Orges — Avoines

Départements	1er Mai 1915 — Surfaces Totales				
	Blé	Méteil	Seigle	Orge	Avoine
	hectares	hectares	hectares	hectares	hectares
Aisne	29 000	))	1 500	850	35 000
Aude	30 940	170	3 860	4 210	22 595
Aveyron	75 000	3 900	19 700	3 000	32 500
Cantal	7 125	798	12 000	2 793	10 840
Dordogne	130 000	1 500	11 000	1 000	46 000
Eure	89 100	50	7 800	5 350	89 500
Gironde	70 000	400	18 000	} 27 000	12 000
Ille-et-Vilaine	142 900	250	1 420		70 800
Indre	104 825	250	4 760	18 166	14 890
Indre-et-Loire	102 500	450	5 500	5 990	70 800
Loire-Inférieure	138 400				21 500
Lozère	3 060	1 800	34 000	5 000	1 040
Manche	52 000	3 000	2 500	34 500	41 000
Meuse	29 000		880	6 400	45 180
Nièvre	76 400	))	6 000	8 400	62 500
Nord	35 800		500	800	14 890
Orne	52 120	4 700	4 600	7 200	46 000
Pyrénées-Orientales	1 900	750	9 500	400	3 500
Savoie	17 369	1 510	8 220	1 750	7 900
Savoie (Haute)	26 350	1 235	852	1 048	))
Seine-Inférieure	98 700		8 900	3 800	82 300
Somme	85 948	1 980	7 308	8 140	97 208
Tarn	95 000	3 500	16 000	2 000	33 600
Tarn-et-Garonne	88 500	250	2 200	4 000	22 200
Vaucluse	50 223	62	432	2 791	12 134
Vienne	124 275	530	6 100	16 970	50 313
Vienne (Haute)	60 000	))	18 700	1 400	24 500
Totaux	1 893 995	27 680	283 505	178 871	1 063 658

Différences entre 1915 — 1916

	Blé	Méteil	Seigle	Orge	Avoine
Année 1916	1 695 600	24 720	252 790	158 190	943 190
Année 1915	1 893 995	27 680	283 505	178 871	1 063 658
En plus pour 1916 / En plus pour 1915	198 395	2 960	30 715	20 681	120 468

BANQUE de FRANCE et SUCCURSALES

Situation hebdomadaire

ACTIF	Au 6 Juillet 1916 MATIN	Au 26 Juin 1916 MATIN
Encaisse de la Banque	5 113 649 794,50	5 107 210 383,01
Disponibilités et Avoir à l'étranger	645 863 376,17	709 432 016,97
Effets échus à recevoir ce jour	798 887,23	585 723,68
Portefeuille de Paris (Effets sur Paris 160 087 160,72.) (Effets sur l'étranger 1 840 499,87) (Effets du Trésor remis à l'encaissement 307 155,78.)	162 234 816,37	167 089 157,54
Portefeuille des succursales (Effets sur place 247 833 641,65) (Effets du Trésor remis à l'encaissement 695 244,37.)	248 528 886,))	280 807 753,))
Effets prorogés (Paris	660 395 187,03	672 757 749,41
(Succursales	789 687 246,))	796 061 407,))
Avances sur lingots et monnaies à Paris	4 290 000,))	4 290 000,))
Avances sur lingots et monnaies dans les succursales	))))	))))
Avances sur titres à Paris	752 989 608,95	755 360 840,57
Avances sur titres dans les succursales	457 088 973,))	446 380 305,))
Avances à l'Etat (loi du 9 juin 1857 ; convention du 29 mars 1878 ; loi du 13 juin 1878 prorogée ; loi du 17 novembre 1897 et loi du 29 novembre 1914)	200 000 000,00	200 000 000,))
Avances à l'Etat (lois des 5 août, 26 décembre 1914 et 10 juillet 1915)	8 100 000 000,))	7 900 000 000,))
Avances temporaires au Trésor public, Inondations 1910 (loi du 18 mars 1910	43 150,))	43 150,))
Bons du Trésor Français escomptés pour avances de l'Etat à des Gouvernements étrangers	1 170 000 000,))	1 140 000 000,))
Rentes de la réserve (Loi du 17 mai 1834	(a) 10 000 000,))	(a) 10 000 000,))
(Ex-Banques départementales	(b) 2 980 750,14	(b) 2 980 750,))
Rentes disponibles	98 742 825,63	98 742 825,))
Rentes immobilisées (loi du 9 juin 1857) y compris 9 125 000 francs de la réserve	(c) 100 000 000,))	(c) 100 000 000,))
Hôtel et mobilier de la Banque	(d) 4 000 000,))	(d) 4 000 000,))
Immeubles des succursales	41 880 173,46	41 845 438 66
Dépenses de l'administration de la Banque et des succursales	1 066 014,04	765 689,5C
Emploi de la réserve spéciale	(e) 7 304 620,27	(e) 7 304 620,27
Divers	332 253 866,78	339 853 455,22
Totaux	18 911 793 345,57	18 785 508 215,61

Banques et succursales

PASSIF

Capital de la Banque	182 500 000,))	182 500 000,))
Bénéfices en addition au capital (art. 8 de la loi du 9 juin 1857 et art. 12 de la loi du 17 novembre 1897)	8 450 697,68	8 450 697,68
Réserves mobilières (Loi du 17 mai 1834	(a) 10 000 000,))	(a) 10 000 000,))
(Ex-Banques départementales	(b) 2 980 750,14	(b) 2 980 750,14
(Loi du 9 juin 1857	(c) 9 125 000,))	(c) 9 125 000,))
Réserve immobilière de la Banque	(d) 4 000 000,))	(d) 4 000 000,))
Réserve spéciale	(e) 8 407 444,16	(e) 8 407 444,16
Billets au porteur en circulation. (Banque et succursales)	16 046 210 545,))	15 805 654 730,))
Arrérages de valeurs transférées ou déposées	73 428 172,45	28 204 451,95
Billets à ordre et récépissés payables à Paris et dans ses succursales	5 991 590,70	5 963 512,19
Compte-courant du Trésor	42 086 691,145	38 276 987,683
Comptes-courants et comptes de dépôts de fonds dans les succursales	854 136 748,))	891 002 355,))
Comptes-courants et comptes de dépôts de fonds à Paris	1 269 055 377,585	1 381 640 405,807
Dividendes à payer	14 971 414,85	24 948 974,85
Escomptes et intérêts divers à Paris et dans les succursales	3 946 625,93	2 047 658,33

Réescompte du dernier semestre à Paris et dans les succursales	11 963 093,))	11 963 093,))
Divers	364 541 194,92	370 342 154,75
Totaux	18 941 795 345,57	18 785 508 215,61

DECOMPOSITION de L'ENCAISSE

	Au 6 Juillet 1916	Au 29 Juin 1916
Or (En caisse	4 498 645 442,66	4 492 201 096,84
(A l'étranger	271 055 668,93	271 055 668,93
Total	4 769 701 111,59	4 763 256 765,74
Argent	343 948 682,91	343 953 617,27
Total	3 113 649 794,50	5 107 210 383,01

TAUX des OPERATIONS

Escompte	5 p. 100	
Avances sur lingots	4 — —	
Avances sur titres	6 — —	

Certifié conforme aux écritures,

Le Gouverneur de la Banque de France :

G..... P.....

CARRIÈRES de PIERRES LITHOGRAPHIQUES du VIGAN

Tel. 21-23

Siège Social
rue Saint-Denis, 14
Paris

Prix-Courant

DÉSIGNATIONS	DIMENSIONS en CENTIMÈTRES		SURCHOIX	PREMIER CHOIX	OBSERVATIONS
Étiquette	5-6	13-16	2,—	1,50	Il est indispensable en remettant les ordres, d'indiquer les épaisseurs minimum et maximum désirées.
Adresse	6-8	16-21	2,50	2,—	
1/8 Coquille	7-9	19-24	3,25	2,50	
Mandat	6-12	16-32	4,—	3,—	
1/6 Coquille	8-10	21-27	4,25	3,25	
Musique	9-11	24-30	4,75	3,75	
	9-12	24-32	5,50	4,25	— Les pierres sont expédiées en vrac.
1/4 Coquille	10-12	27-32	6,25	4,75	
1/4 Raisin	10-14	27-38	8,—	6,—	L'emballage n'a lieu que sur la demande des clients, il est alors facturé au prix de revient.
1/4 Jésus	12-15	32-40	12,—	9,—	Emballées ou non, les pierres
1/2 Écu	12-16	32-43	14,—	10,—	voyagent toujours aux frais, risques
1/2 Coquille	12-18	32-49	16,—	12,—	et périls du destinataire.
Couronne	14-18	38-49	19,—	15,—	
Grande Couronne	15-18	40-49	21,—	16,—	
1/2 Raisin	14-20	38-54	23,—	18,—	
Écu	16-20	43-54	32,—	25,—	
1/2 Jésus	16-22	43-59	40,—	30,—	
Coquille	18-22	49-59	52,—	40,—	
Raisin	18-24	49-65	65,—	50,—	
Grand Raisin	20-26	54-70	90,—	70,—	
Jésus	22-28	59-76	120,—	90,—	
Soleil	24-30	65-81	160,—	120,—	
Colombier	24-32	65-86	165,—	130,—	
Grand Colombier	24-34	65-92	200,—	150,—	
Aigle	24-36	65-98	225,—	170,—	
Grand Aigle	26-36	70-98	275,—	200,—	
	26-37	70-100	285,—	220,—	
	26-38	70-103	300,—	230,—	
	28-38	76-103	325,—	250,—	
	28-40	76-108	350,—	275,—	
Monde	30-40	81-108	400,—	300,—	
	31-41	82-110	425,—	325,—	

Pour les dimensions au-dessus, les prix se traitent de gré à gré.

ÉTOILE STÉNOGRAPHIQUE

(1ᵉʳ Octobre 1911).

SIMPLE COMPARAISON

Dans le numéro de *Alger-Sténo*, du 16 mai 1911, M. Schvartz, directeur de ce journal et auteur d'un système de sténographie qui porte son nom, *bien qu'il soit basé surtout sur le système Duployé*, publie une lettre d'un de ses adeptes de France et dont nous croyons devoir reproduire l'extrait que voici :

« J'ai étudié votre Sténographie, en suivant vos instruc-
« tions mais d'une façon irrégulière, et maintenant j'écris à
« la vitesse de 100 mots à la minute ; j'ai donc obtenu ce
« résultat en quatre mois..... il montre la supériorité de
« votre système sur tous les autres et notamment sur la
« Métagraphie Duployé-Institut au moyen de laquelle
« j'avais mis TROIS ANS pour écrire à la même vitesse ».

Cet aimable correspondant a certainement voulu faire plaisir à son maître en lui envoyant cette déclaration, *mais il n'a pas réfléchi qu'une parceille énormité ne peut résister au moindre raisonnement.*

En effet, si les Duployéens devaient mettre trois ans pour arriver à la vitesse de 100 mots à la minute, même en se servant de la Sténographie intégrale seulement, il y a longtemps que le système Duployé aurait disparu et ce ne serait que justice.

D'un autre côté, faire 100 mots avec la méthode Schvartz, après quatre mois de travail, suppose que la théorie du système a été étudiée en deux ou trois mois, en tenant compte du temps consacré à l'acquisition de la vitesse par des exercices d'entraînement.

Or, pour appliquer la méthode Schvartz, il faut apprendre :

1° 18 (dix-huit) consonnes donnant 31 (trente et un) sons.

2° 11 (onze) voyelles, plus le son « ILL »;

3° 9 (neuf) signes représentant les différents articles.

4° 83 (quatre-vingt-trois) positions diverses que peuvent occuper les consonnes, suivant qu'elles sont placées au-dessus ou au-dessous de la ligne d'écriture, qu'elles sont allongées, ou renforcées. Ces 83 positions donnent à peu près un nombre double de sons.

5° Les voyelles occupant certaines positions donnent des articulations nouvelles.

6° Toutes les abréviations de la métagraphie Duployé-Institut, c'est-à-dire, les abréviations symboliques, angu-laires, contactes.

7° 28 (vingt-huit) séries d'abréviations finales comprenant 69 groupes représentant 647 terminaisons différentes et souvent sans aucun lien de parenté dans chaque groupe.

8° 10 (dix) séries d'abréviations initiales divisées en 24 groupes, représentant ensemble la bagatelle de 98 consonnes.

Et je passe sur les règles, les exceptions, les incompatibi-lités, les doubles finales, etc., etc., etc., etc..

J'ai lu attentivement les systèmes *Buisson, Prévost-Delau-nay, Havette,* auxquels M. Schvartz a fait des emprunts, *aucun n'est aussi compliqué que sa Sténographie.....,* il faut posséder une mémoire exceptionnelle et des dons particu-liers pour s'assimiler cette dernière méthode en l'espace très court, trop court même de deux ou trois mois.

Cette rapide analyse a uniquement pour but de permettre aux Duployéens de comparer le système Schvartz à la Sténographie Duployé.

Loin de moi, la pensée de déprécier la valeur de ce système, toutes les méthodes ont leurs qualités et leurs défauts ; elles sont toutes bonnes à condition de savoir s'en servir. Comme l'a dit autrefois le Rédac-chef de l'*Etoile* en une phrase qui depuis a fait fortune « Il n'y a pas de mauvaises sténographies, il n'y a que de mauvais sténographes ».

M. Schvartz, qui connaît la Métagraphie Duployé, sait qu'il ne faut pas trois ans pour atteindre la vitesse de 100 mots à la minute ; il n'aurait pas dû, dès lors, publier une lettre qui, si elle était prise au sérieux, tendrait à discréditer aux yeux de ses lecteurs, un système qui depuis longtemps a fait ses preuves.

Benbacite.

Grâce à la Sténographie "Duployé-Institut",

enseignée par l'**ECOLE LONGIN**, on vit pour la première fois des Algérois prendre, à Alger, des prises sérieuses de Sténographie.

Discours de M. LASSÈRE, préfet (23 février 1914).
Congrès des Forestiers (5, 6, 7 mars 1914).

SANS PRÉCÉDENT et SANS COMMENTAIRE

Discours de Monsieur LASSERRE, Préfet d'Alger

à une Manifestation lors de son départ d'Alger

Sténographié le 23 février 1914, par des Élèves de l'**École Longin**.

"Echo d'Alger" du 24 février 1914.

Mes Chers Concitoyens,

Mes Chers Amis,

Jusqu'à cette minute, la fête a été délicieuse, grisante même, je ne trouve pas d'autre terme. Vous avez entendu une pléiade d'orateurs, mais maintenant le rôle de l'éloquence est terminé, car je suis incapable de vous adresser des phrases élégantes ou même correctes.

Vous n'en serez pas surpris, car si je pouvais, en ce moment, être maître de ma parole, je serais indigne de l'affection que vous m'avez exprimée, car je ne serais pas ému, et cela voudrait dire que je ne comprends pas la portée de l'honneur que vous me faites.

L'incorrection de la forme de mes idées, le manque d'ordre dans leur expression vous feront juger de mon émotion, du sentiment profond qui m'anime, sentiment de gratitude éternelle et de vive affection.

Et puis, je n'ai jamais pu apppendre par cœur, ne fut-ce que quelques lignes. Parfois j'ai pu penser à l'avance à ce que j'allais dire; mais, aujourd'hui, j'ai été absorbé par un travail machinal.

En effet, je voulais vous laisser en modeste souvenir mon portrait avec quatre ou cinq mots de ma main, et écrire une dédicace sur sept cents portraits a été mon principal ouvrage d'aujourd'hui, avec la séance de la Commission départementale présidée par M. Vérola.

Or, je croyais dans ma modestie qu'avec ces sept cents portraits cela suffirait, et voilà qu'il en aurait fallu près de trois fois autant.

Si vous me le permettez, j'en ferai tirer un certain nombre d'exemplaires et je chargerai mon ami, M. Fulconis, de les remettre à ceux d'entre vous qui voudraient garder un souvenir du préfet Lasserre.

Autre motif d'émotion : depuis deux ans je me plaignais de l'absence de sténographes ; mais, ce soir, je vois à côté de moi, avec une certaine terreur, de jeunes sténographes, hommes et charmantes dames, qui vont reproduire toutes mes paroles, et mon émoi s'en augmente (1).

Je suis encore Préfet d'Alger : j'ai la responsabilité de ces fonctions jusqu'à samedi soir ; je suis également citoyen et électeur d'Alger ; mais ici le Préfet doit encore tout primer. Dimanche, l'électeur aura le droit de parler, mais il sera loin.

Du moins, saura-t-il écrire à ses amis pour leur faire connaître ses sentiments personnels relativement à l'événement victorieux qui se produira au printemps prochain.

Plusieurs de mes amis ont fait allusion à des attaques de presse. Ces articles ont été soigneusement envoyés à Angers, où ils sont reproduits avec empressement par les journaux royalistes de l'Anjou. Ainsi, la presse qui se dit républicaine ici, fait les délices de la presse royaliste de là-bas.

Du moins, les articles de ces journaux d'Alger auront ainsi été publiés à un nombre d'exemplaires élevé, fortune qu'il ne connaissent guère ici.

Laissez-moi, à ce sujet, vous faire une seule citation : Il y a quelques semaines, un de ces journaux qui pratiquent l'injure, disait : « Si M. Béraud n'a dans son parti que les voix des honnêtes gens, il n'aura que la sienne ».

---

(1) ... Cette phrase prouve que malgré les demandes réitérées de M. le préfet Lasserre, il avait été impossible de trouver des Algérois aptes à sténographier un discours. L'École Longin a pu créer ce précédent.

Ainsi nous sommes tous des repris de justice. Soit, mais pour être logiques avec eux-mêmes, nos adversaires qui proclament la haute moralité de M. Béraud, devraient être favorables à sa candidature.

Mais laissons ces questions pour passer à de plus sérieuses.

Nous sommes entre Français républicains et nous ne devons pas oublier qu'en de telles réunions, il convient de porter un toast au Chef de l'Etat, au Grand Citoyen élevé par les libres suffrages du Parlement à la première Magistrature de l'Etat. J'ai nommé M. Raymond Poincaré.

Je vous demande, Monsieur le Président, de bien vouloir donner corps à cette idée en envoyant au nom de l'assemblée, un télégramme à M. le Président de la République.

Je vous demande aussi d'adresser un télégramme à M. Doumergue, président du Conseil, dont la politique répond à vos convictions personnelles.

Vous lui prouverez ainsi que vous ne lui en voulez pas de vous enlever votre Préfet et qu'il a eu raison d'avoir confiance en l'envoyant au combat sur d'autres points du territoire de la République.

Je vous prie encore d'envoyer un télégramme à mon chef et ami, M. Charles Lutaud, à Paris, pour lui porter le respect et l'affection de cette assemblée.

Enfin, je vous demande encore une dépêche à mon ami Broussais, dont je regrette l'absence ici mais que je sais retenu à Paris où je le verrai dans quelques jours.

Ces devoirs remplis, c'est à vous que, du fond du cœur, je veux dire : «Merci ! »

Je voudrais vous remercier individuellement, mais je ne le puis, et c'est à mon ami Saliège que j'exprime la reconnaissance que je ressens pour vous tous en face des largesses dont vous me comblez.

Vous avez embelli mon intérieur d'une toile du jeune maître Chapuy, qui sera un grand maître demain. Le sujet de cette toile est d'une philosophie prolétarienne. Elle représente, au jour des Morts, des parents cossus, se consolant, au sortir du cimetière, attablés à une table de café, tandis qu'une femme du peuple et trois orphelins passent drapés dans leurs tristes et pauvres vêtements et regardent avec étonnement un deuil ainsi porté.

Ce tableau rappellerait, au besoin, à qui l'oublierait, qu'il faut penser aux enfants du peuple; mais, ce n'est pas moi, sorti du peuple, qui les oublierai jamais.

Parmi les souvenirs sympathiques que j'emporte d'Alger, est, au premier rang, celui de sa population ouvrière, car au hasard de mes promenades à Alger, je n'ai jamais rencontré un ouvrier qui, reconnaissant ma physionomie connue, ne m'ait adressé un salut déférent que je m'empressais de lui rendre et même souvent un sourire cordial qui m'était particulièrement agréable.

La Fédération radicale-socialiste m'a offert un groupe en bronze « Le Travail », de mon ami républicain, Moreau-Vauthier.

Je la remercie doublement de ce choix, et pour l'auteur et pour le sujet.

L'image de ce rude travailleur sera pour moi le symbole de l'Algérie laborieuse où j'ai vu l'effort accompli par les colons et les indigènes, par les travailleurs de tous ordres qui réalisent l'essor de ce beau pays.

Dans mon bureau, aux heures possibles de lassitude, je n'aurai qu'à tourner les yeux vers cette figure pour penser aux millions d'hommes qui travaillent ainsi et alors je me dirai : Fais comme eux ! Travaille ! Travaille du cerveau, puisque c'est ton métier ! Fais ce que tu peux pour le mieux être de tous et le progrès de l'humanité !

Enfin, Messieurs, un troisième objet d'art exprimant bien la poésie de ce pays, m'est offert par la population kabyle et indigène dont mon ami Aït Salem a tout à l'heure exprimé les sentiments.

Durant les deux années que j'ai passées ici, je n'ai eu qu'à me louer de mes rapports avec les indigènes et leurs représentants. Je les ai trouvés loyaux, fidèles à la parole donnée, sensibles à l'affection que je leur montrais.

J'en ai conclu qu'on pouvait facilement les amener à soi par la bonté. C'est l'impression que je porterai en France;

c'est le témoignage que je rendrai à leurs qualités de droiture et de cœur.

Je dois aussi des remerciements à ceux qui m'ont adressé des paroles si affectueuses.

Tout d'abord, à ma droite, je voudrais dire tout le bien que je pense du docteur Saliège, vice-président du Conseil général, de l'homme si populaire que l'on trouve partout où il y a quelque bien à faire. Si matin qu'on se lève, on trouve toujours le docteur Saliège levé depuis longtemps, roulant déjà en automobile pour aller secourir des souffrances.

A quelque heure que l'on aille à l'hôpital, on y trouve le docteur Saliège déjà arrivé. On se demande à quelle heure cet homme là dort.

Et cependant, cher ami, je vais, moi, votre cadet, me permettre de vous donner respectueusement un conseil. Continuez à aimer vos amis, comme vous faites ; mais aimez un peu moins vos ennemis, et ce sera parfait.

Quant à M. Vérola, c'est la deuxième fois aujourd'hui qu'il m'adresse publiquement des paroles amies. Il l'a déjà fait au nom de la Commission départementale, assemblée de famille avec laquelle j'aime à travailler.

Avec sa finesse d'observation, il a rappelé mes relations cordiales avec le frère du Gouverneur général, M. Emile Lutaud, un excellent républicain, auquel je vous demande d'adresser des souhaits de prompte guérison.

Il m'est particulièrement agréable d'être apprécié par l'homme d'affaire qu'est M. Vérola, dont le concours est particulièrement précieux aux préfets. Je suis sûr qu'il le continuera à mon successeur, et c'est l'occasion qui amène le Préfet d'Angers à porter la santé du Préfet d'Alger.

Je ne connais M. Lefèbure que depuis peu de temps, mais je l'ai assez fréquenté pour savoir que vous trouverez en lui le même désir de bien faire que vous voulez bien me reconnaître et pour me porter garant de ses sentiments au nom desquels je vous propose de boire au républicain Lefébure.

Je me retourne vers la gauche et je trouve M. Larcher.
Et oui, M. le professeur Larcher représente bien la gauche, et je l'en félicite.

Un de mes regrets, Monsieur le Professeur et Président, sera de ne pas vous avoir connu plus tôt. C'est un peu de votre faute. Dans la crainte d'avoir tant soit peu figure de courtisan, vous évitez le pouvoir et j'ai gardé longtemps le désir de vous connaître sans trouver à le satisfaire.

Du moins, laissez-moi espérer que nous nous rencontrerons en France, où je vous donne rendez-vous pour parler de nos amis d'Algérie.

Je m'adresse à la Presse, à la Presse tout court, car je ne connais que celle qui est là, représentée par des journalistes, comme Chautagnat, Baïlac, Lafitte et ceux qui les entourent.

Je vois en eux les deux journaux que vous aimez, celui du matin, celui du soir. Ils ne se concurrencent pas, ils se complètent. Je bois de tout cœur à leur prospérité, à leur union pour le triomphe de votre parti.

Je termine par mon ami Boniface, maire de Ménerville. Au nom des cheminots qui ont en lui un défenseur aimé, au nom des maires de l'intérieur, il m'a parlé d'une façon qui m'a été au cœur.

M. Boniface est un homme sur lequel un Préfet est heureux de s'appuyer parce qu'il le sent loyal, énergique et franc.

Nous savons tous ce qu'il a fait pour le centre qu'il administre et ce qu'il fera encore.

Il le transformera. C'est une question de temps avec l'expiration de certains mandats.

Je le remercie d'avoir, dans ses paroles, songé à M. Hild, mon chef de Cabinet, et de lui avoir adressé des éloges mérités.

Je vous enlève M. Hild, qui me suit, mais je vous laisse en M. Bardenat, un collaborateur qui m'a été précieux et qui, s'il ne reste pas à Alger, ne s'en éloigne pas beaucoup.

Je tiens encore à rendre hommage à l'un de mes collaborateurs qui occupe une place que l'opinion apprécie mieux que naguère, M. Vinciguerra, chef de la Sûreté départementale, qui rend à l'Administration et à la société de signalés services.

Vous me permettrez de continuer en parlant d'un brave homme que j'aperçois au fond de la salle, l'huissier en chef de la Préfecture, M. Lamouroux, que tout le monde connaît, parce que les préfets s'en vont, mais les huissiers demeurent.

Je voudrais encore, en ce moment, citer le nom de M. Firbach, le vieux sous-préfet de Tizi-Ouzou, celui qu'on appelle l'Empereur de Kabylie.

Cent autres noms aimés viennent à mes lèvres. Je ne puis plus les citer tous, mais il y en a deux que je ne puis me résoudre à passer sous silence.

C'est d'abord celui de M. Babilée, qui est conseiller général, mais qui est aussi mon médecin. Et je ne sais où je l'ai apprécié davantage, au Conseil général, dont il est l'un des membres les plus avisés, ou à mon chevet, où d'ailleurs nous commencions toujours à parler politique. Je crois que sous les deux aspects, mon opinion se résume en disant que c'est un homme de grand talent et de grande modestie. Et pendant mes deux ans de séjour, j'ai plus d'une fois regretté qu'il n'habite pas Alger.

Je terminerai par le nom d'un ami qui m'est très cher.

Quand j'ai été nommé à Alger, un ami m'avait dit : « Tu trouveras, là-bas, un homme qui te ressemble ».

Or, un homme qui me ressemble, c'est plutôt rare. Quand j'ai vu Lefebvre, je n'ai certainement pas trouvé mon sosie, mais il y avait pourtant des points de ressemblance évidents sous le rapport physique et aussi sous le rapport moral, avec les mêmes qualités et les mêmes défauts.

Ce sont ceux-ci, du reste, que chacun de nous voyait le mieux chez l'autre. Lui, me disait parfois : « Depuis que je vous fréquente, je me corrige ». J'en pensais autant de lui.

Je tiens à terminer sur son nom, en évoquant le souvenir de certaine compétition très légitime, très loyale, qui s'est produite il y a quelques semaines et que je rappelle pour

dire que, connaissant l'énergique loyauté de son caractère,
je suis certain que c'est de lui que je recevrai, dans les premiers jours de mai, un télégramme m'annonçant la victoire
que j'escompte.

Mes chers amis, j'en ai fini. Je pense que les Algérois
venant en France n'oublieront pas le Préfet qu'ils ont
connu et feront un crochet pour venir le trouver dans la
résidence où sa carrière nomade l'aura appelé.

Je m'aperçois que je vous retiens un peu trop et que les
ménagères attendent, tandis que la soupe se refroidit.

J'associe à la vôtre la pensée de vos familles. Je bois à la
santé et à la prospérité des Algériens et des Algériennes
et du parti démocratique que vous représentez.

Votre magnifique réunion d'aujourd'hui est un gage de sa
vitalité. Vous saurez rester unis pour assurer sa victoire
dans le combat prochain et l'avenir de la Démocratie en
France et en Algérie.

NOTA. — Nous avons reproduit le discours de M. le
Préfet Lasserre **A SEUL TITRE DOCUMENTAIRE**, ce
discours ayant été sténographié par **TROIS** élèves de
l'École **LONGIN** qui n'avaient pas une année d'études.

DISCOURS

Prononcé par M. J. TARTING, Président du Syndicat Commercial Algérien

au Grand Banquet du 19 Avril 1913

Monsieur le Gouverneur général,

En acceptant de présider notre banquet, en faisant trève pendant quelques instants aux hautes préoccupations que vous impose votre charge pour vous rapprocher du monde commercial et industriel, vous nous donnez une preuve d'estime et de sympathie dont nous sentons tout le prix et dont nous vous sommes reconnaissants.

Nous savons, Monsieur le Gouverneur général, que vous recherchez volontiers le contact de ceux qui, à un degré quelconque, peuvent être les collaborateurs des importants services que vous administrez.

Vous voulez saisir ainsi directement l'expression de leurs besoins, de leurs aspirations et réunir les éléments des problèmes économiques et sociaux dont vous recherchez les solutions.

Les membres du Syndicat Commercial, que vous voyez réunis ici de tous les points de l'Algérie, le savent bien.

Aussi sont-ils venus avec empressement se grouper, ce soir, autour de vous, lorsqu'ils ont appris que nous aurions l'honneur de vous entendre traiter, avec la netteté et la précision que vous apportez en toutes chose, quelques-unes des questions vitales intéressant la Colonie.

(Applaudissements.)

Vous connaissez déjà depuis longtemps le Syndicat Commercial Algérien.

Le voici arrivé à la vingt-cinquième année de son existence ; c'est là, au siècle de division dans lequel nous vivons, un succès dont nous avons le droit de nous enorgueillir.

Les anciens, ceux qui scellèrent la première pierre sur laquelle repose si solidement notre Association, ont encore présent à la mémoire ses modestes débuts ; et il est certain qu'ils ne prévoyaient pas alors l'extension et l'importance qu'elle a acquise aujourd'hui.

Qu'il me soit permis de jeter un regard en arrière sur ce temps déjà bien lointain.

En mesurant le chemin parcouru, s'il semble que les heurts de la route ont absorbé une partie de ses forces vives, les résultats paraîtront d'autant plus précieux qu'ils auront été plus difficilement acquis.

C'était, à cette époque, une tentative bien hardie de parler en Algérie d'intérêts communs à des hommes habitués à ne compter que sur leur propre initiative pour surmonter les difficultés de tout ordre : administratives et professionnelles.

C'était une audace inouïe de faire entendre ouvertement des doléances et de demander des améliorations.

Aussi, avec quel dévouement les membres fondateurs durent-ils lutter contre les préventions et les méfiances.

Leur énergie et la volonté d'aboutir finirent cependant par vaincre toutes les difficultés ainsi que l'insouciance des indifférents et des sceptiques.

L'Administration, de son côté, se tenait sur la réserve.

Il était d'ailleurs naturel que le Syndicat fut jugé par ses actes : ceux-ci ne se firent point attendre.

Le Syndicat Commercial Algérien compte aujourd'hui 1.200 adhérents, tous unis, marchant la main dans la main pour la défense et la sauvegarde de l'intérêt général.

Et c'est cette union, cette concorde, cette intimité qui n'ont cessé un seul instant de régner dans son sein, qui ont fait sa force et qui lui ont assuré une influence incontestable auprès des administrations publiques et privées, avec lesquelles il entretient les relations les plus courtoises. *(Très bien, très bien.)*

Il faut dire aussi que toutes les réclamations que le Syndicat a été appelé à adresser aux Pouvoirs publics ont toujours été justifiées et faites dans des termes à la fois respectueux, parce que nous devons toujours avoir de la déférence envers les autorités de notre pays, et dignes, parce que, si nous connaissons nos devoirs, nous savons aussi que la loi nous accorde des droits que la Chambre syndicale a mission de sauvegarder et que, en maintes circonstances, nous avons fait valoir.

Un sentiment de convenance que vous apprécierez m'interdit de rappeler des noms de personnes ayant assuré la prospérité de notre groupement, mais il peut être fait exception pour ceux qui ne sont plus.

Je citerai :

Isidore Tachet, notre président pendant vingt-deux ans, dont le dévouement fut toujours au-dessus de tout éloge ; Félix de Solliers, vice-président de notre Association, qui contribua, par ses nombreux rapports, à faire doter l'Algérie de son autonomie financière, réforme capitale qui lui permet aujourd'hui de mettre à exécution le nouveau réseau de lignes de chemins de fer et de mener à bonne fin le grand programme de travaux publics si nécessaire au développemént de ses richesses et à sa prospérité ; Savignon, président du groupe des vins pendant une quinzaine d'années ; auteur de remarquables et importants rapports dont le principal, sur les conventions postales, lui valut les félicitations de toutes les Assemblées algériennes ; Hyppolyte Grand, premier président du Syndicat des entrepreneurs d'Algérie et de Tunisie, qui a assuré la création de ce groupement qui forme, avec ses 300 adhérents, le XIᵉ Groupe du Syndicat Commercial Algérien. *(Triple salve d'applaudissements.)*

Vous serez unanime pour adresser avec nous l'hommage de votre reconnaissance à leur mémoire.

Nous n'en finirions pas s'il fallait signaler :

Toutes les études de nos Commissions relatives aux Travaux publics, aux questions fiscales, aux transports maritimes et terrestres, au régime douanier, aux questions de législation commerciale, industrielle et ouvrière.

Tous les vœux formulés par les groupes et adressés à l'Administration pour demander des améliorations ou des modifications dans les services postaux, télégraphiques et téléphoniques, dans les règlements et cahiers des charges en matière de travaux publics, dans les taxes de régie, de patente, etc...

Tous les vœux soumis aussi aux Compagnies de Navigation, aux Compagnies de Chemins de fer, aux Municipalités.

On peut dire aussi, sans crainte d'être démenti, que c'est grâce au Syndicat Commercial que nos collègues ont été appelés, les uns à défendre à la Chambre de Commerce les intérêts du commerce et de l'industrie, et enfin, les autres, à remplir au Tribunal de Commerce les hautes et délicates fonctions de juges.

Il en est de même au Conseil de Prud'hommes, où, dans toutes les sections, nos candidats ont été élus.

Les vingt-cinq groupes du Syndicat Commercial Algérien représentent une somme énorme dans les affaires commerciales de l'Algérie.

Cette heureuse division par groupes permet de traiter avec beaucoup plus de compétence toutes les questions d'intérêts professionnels, et cela est d'autant plus vrai qu'en toutes circonstances les Administrations demandent l'avis de nos groupes, avis que ces derniers s'empressent toujours de donner avec l'approbation de la Chambre syndicale.

MESSIEURS,

La haute marque d'intérêt que vous voulez bien nous donner aujourd'hui en assistant à notre fête nous touche profondément.

Au nom du Syndicat Commercial, je vous en remercie.

C'est une grande satisfaction et un grand honneur pour les membres du bureau du Syndicat Commercial de voir réunis dans un même élan de confiance réciproque les hautes personnalités officielles et commerciales de la Colonie et les membres de notre Association.

C'est une bonne fortune pour tous de pouvoir ici, simplement, cordialement, causer du commerce, de l'agriculture, de l'industrie, des travaux publics, en un mot de tout ce qui fait l'honneur et la fortune d'un pays.

Il est bon, et je dirai qu'il serait même nécessaire que, de temps en temps, les chefs de service de l'Administration dépouillent le masque officiel et viennent parmi nous s'expliquer amicalement de toutes les questions à l'ordre du jour.

En se mettant en contact avec les représentants de groupements comme le nôtre, cela leur permettrait de mieux les apprécier, de connaître leurs aspirations, leurs besoins et de s'entendre, ce qui est toujours facile entre gens que les mêmes préoccupations absorbent et qu'anime un égal dévouement aux intérêts généraux de la Colonie.

J'adresse mes chaleureux remerciements à MM. les Sénateurs et Députés de nos trois départements.

Ne nous en voulez pas, Messieurs, si nous vous mettons quelquefois à l'épreuve pour soutenir nos revendications et défendre nos intérêts.

Avec les charges et difficultés nouvelles créées par les lois sociales et par l'évolution des choses ;

Avec la concurrence toujours croissante des activités et des énergies, il devient nécessaire d'avoir entre vous et nous plus de contact que par le passé et d'être en relations plus suivies et plus fréquentes.

Une des questions sur laquelle nous appelons à nouveau votre attention, est la « réforme des clauses d'exonération des connaissements ».

Nous comptons sur vous, Messieurs, pour ne pas la perdre de vue et faire adopter le plus tôt possible le projet de loi Colin, qui donne satisfaction aux desiderata depuis longtemps exprimés par le Commerce algérien.

Je remercie également : M. Lefebvre, vice-président du Conseil supérieur ; M. Bertrand, président des Délégations financières ; M. Saint-Germain, conseiller de Gouvernement ; M. le Préfet d'Alger et M. Salmon, son secrétaire général ; M. le général en chef Moinier, M. le Premier Président, M. le Procureur général, M. l'amiral Cros, M. le Recteur ; MM. Escriva, Basset, Foissin, Fabiani, Thibaut et Treille, avocats, membres du Comité de Consultations juridiques du Syndicat Commercial Algérien, de nous avoir fait l'honneur de venir assister à notre grand banquet et d'avoir ainsi donné un témoignage de sympathie à notre Association.

Je manquerais à mon devoir et à toute convenance si j'omettais d'adresser aussi mes plus sincères remerciements à la Municipalité et à mon ami, M. Charles de Galland, maire de la ville d'Alger, qui, avec une amabilité parfaite, a mis à notre disposition cette belle et magnifique salle du Skating, toute décorée, et a bien voulu nous accorder tout son concours pour le succès de notre fête.

A mes amis, M. le Président du Tribunal de Commerce d'Alger, M. le Président de la Chambre de Commerce d'Alger, et aussi, à M. Huc, le président du Syndicat Commercial d'Oran, je leur exprime toute ma joie de les voir ce soir à notre fête. Je tiens à leur dire une fois de plus que leurs intérêts sont les nôtres et que dans toutes les circonstances ils peuvent compter sur le Syndicat Commercial Algérien. *(Bravos, bravos.)*

MESSIEURS,

Le spectacle sans précédent que nous offre aujourd'hui ce banquet nous prouve une fois de plus la vitalité du Syndicat Commercial Algérien.

Cette vitalité, sans cesse croissante, ainsi que la prospérité de tous les Syndicats Commerciaux de la Colonie sont dues à la bonne foi et à la sincérité qui animent tous les adhérents dans les discussions, parfois agitées, souvent bruyantes, mais toujours correctes et courtoises.

Nos Associations doivent aussi leur développement à une règle que vous avez tous pu apprécier et qui consiste à ce que, dans nos réunions, nous interdisons rigoureusement toute immixtion dans la politique de partis.

Les portes de nos Associations sont grandement ouvertes à tous les bons citoyens sans distinction d'opinion.

Nous ne nous y occupons que des intérêts économiques et nous le faisons toujours avec un légitime souci et un réel respect des droits de la Démocratie.

L'unanimité de nos membres s'est donnée à la République avec l'ardeur la plus confiante, la plus absolue, et, il faut le répéter bien haut, la plus désintéressée. *(Vifs applaudissements.)*

MONSIEUR LE GOUVERNEUR GÉNÉRAL,

En remettant le pied, il y a deux ans, sur le sol de l'Algérie, ceux qui vous avaient connu pendant que vous êtes resté à la tête des importants services de la Préfecture d'Alger, étaient convaincus que vous nous reveniez avec la ferme volonté de donner un essor nouveau aux intérêts économiques de la Colonie.

Leur espoir n'a pas été déçu.

C'est grâce à votre esprit d'initiative, à votre activité, à votre ferme volonté, que vous avez donné l'impulsion à la construction des nouvelles lignes de chemins de fer indispensables au transport des produits du sol de régions depuis trop longtemps délaissées.

Aujourd'hui, nous attirons particulièrement votre attention sur plusieurs questions que nous avons eu l'honneur de vous soumettre et qui ne sont pas encore résolues.

La réforme des charges fiscales a fait déjà un grand pas, mais il est indispensable que le projet d'impôt sur la propriété non bâtie devienne une réalité.

Le renouvellement des conventions postales ;

L'amélioration et l'agrandissement de nos ports ;

L'augmentation du matériel roulant sur les anciennes lignes de chemins de fer ;

L'agrandissement des gares, dont le besoin se fait de plus en plus sentir par suite du développement des relations commerciales ;

Le régime minier en Algérie ;

La création de ports francs,

Voilà, Monsieur le Gouverneur général, des questions vitales, brûlantes pour la Colonie, et nous ne doutons pas de vos efforts pour les faire aboutir.

J'ajoute que, de notre côté, le dévouement ne vous fera pas défaut, car nous serons toujours fiers d'avoir contribué à la prospérité de l'Algérie, et, par conséquent, à la grandeur de la Mère-Patrie. *(Bravos, bravos.)*

NOTA. — *Dans tous rapports, lettres commerciales, etc., (faits avec l'interligne 1) l'interligne doit être doublé à chaque alinéa.*

DISCOURS

Prononcé par M. Charles LUTAUD, Gouverneur général de l'Algérie

Au Grand Banquet du 19 Avril 1913

MESSIEURS,

En m'appelant à la présidence de votre banquet, vous m'avez fait un honneur des plus précieux et j'en suis très touché ; mais à en juger par les traditions, un des devoirs d'un président qui se respecte est de se retrancher dans une dignité muette. Les discours successifs que vous venez d'entendre sembleraient m'y inciter, mais mon silence serait un contraste avec le besoin que je ressens de vous exprimer ma parfaite gratitude.

Du reste, les éloquentes paroles de M. Tarting m'invitent à me départir de ce rôle silencieux attribué au président, et je n'y résiste pas.

Laissez-moi vous dire combien je suis touché de l'accueil qui m'est réservé dans cette assemblée et vous dire l'impression profonde qui se dégage de votre réunion de ce soir.

Votre Président a dit tout à l'heure que la manifestation de ce soir était sans précédent en Algérie, je le crois sincèrement.

Sont-elles, en effet, bien nombreuses, dans la Colonie et même ailleurs, les associations qui peuvent ainsi célébrer avec tant d'éclat, tant de solennité, leur vingt-cinquième année d'existence ? Je ne pense pas qu'il y en ait beaucoup. La vôtre est pourtant un exemple.

Ce que je vois dans votre groupement ce n'est non seulement un assemblage d'intérêts, mais une communion d'initiatives, de cœurs et d'esprits.

Votre Président a rappelé que je saisissais toutes les occasions d'entrer en contact avec les hommes de labeur et d'opiniâtreté, il a dit vrai.

C'est un besoin de ma fonction de me mêler avec vous qui êtes à la tête de la civilisation et de l'expansion française en ce pays. Et je ne suis nullement surpris que les commerçants et industriels, de leur côté, aient le désir de s'unir et de s'associer pour affirmer leur force et revendiquer leur droit.

Vos discussions sont parfois passionnées, mais toujours courtoises, et fécondes, et s'il faut en croire votre Président, qui a cherché à découvrir un coin du voile de vos délibérations, votre œuvre est belle et profitable à l'Algérie. En serait-il autrement ?

L'économie politique, tout ce qui comprend le commerce, l'industrie, l'agriculture, peut s'apprendre par des livres, dans les chaires de faculté, mais n'est-ce pas aussi auprès de ceux qui travaillent, qui éclaircissent les lois économiques de notre pays que l'on puise les meilleures leçons ?

Vous êtes de ces derniers et je suis heureux de vous manifester l'admiration profonde qu'une carrière administrative déjà longue m'a appris à ressentir en face de votre œuvre.

Le colon algérien est un homme héroïque ; il s'attache, au prix de mille difficultés et de dangers sans nombre, à arracher au sol le secret de sa richesse, mais il doit rester les yeux fixés sur cette terre.

Mais vous, commerçants et industriels, vous élevez vos regards, vous agrandissez l'horizon. Cette richesse que le colon fabrique vous la répandez et en faites bénéficier l'humanité tout entière. Vous devenez ainsi, en même temps que les artisans de la prospérité commune, des missionnaires de l'idée, des propagandistes de la civilisation et du progrès. Voilà pourquoi nous avons le devoir d'apporter à votre tâche tout notre concours et tout notre dévouement.

En m'invitant à passer en revue les grandes questions qui intéressent l'Algérie, votre Président m'en a demandé un peu trop ; je tiens, cependant, à vous entretenir de quelques-unes.

Il a parlé de la réforme, récemment votée en principe par les Délégations financières et le Conseil supérieur, de l'impôt sur la propriété non bâtie. Cette réforme est non seulement un acte de justice, mais une nécessité impérieuse devant laquelle l'Algérie ne peut reculer.

Depuis cinquante ans, la Métropole et l'Algérie acceptent de lourds sacrifices pour poursuivre l'œuvre colonisatrice. Mais quelque orgueil qu'on pourrait en tirer, cette œuvre grande et noble est aujourd'hui bien insuffisante.

Il faut compléter notre outillage économique. Comment arriverons-nous à mettre en valeur les richesses du sol algérien, si nous ne complétons pas nos réseaux de chemins de fer, si nous ne créons pas de nouvelles routes et si nous ne prévoyons pas l'entretien de ces dernières, ce qui n'est pas le cas pour celles qui existent actuellement — j'en ai fait l'expérience ces jours-ci.

Est-il raisonnable de ne pas ouvrir plus largement nos ports à tous les produits qui y sont déversés ?

Est-il raisonnable de s'arrêter dans les réformes d'assistance, d'hygiène, d'éducation qu'attendent nos indigènes et dont la France a fait le premier article de son programme ?

Comment trouver ces ressources ? Il faut chercher la matière imposable où elle existe. C'est parce que nous faisons appel à tous que les Délégations financières, avec une largeur d'esprit qui les honore, ont consenti à faire ce sacrifice dans l'intérêt de la Colonie. Ensuite, messieurs, nous nous rappellerons que la raison même de la présence de la France en ce pays, c'est l'accomplissement par elle d'une œuvre d'éducation, de civilisation, d'égalité.

Tous nos efforts tendront à la réaliser et nous la poursuivrons jusqu'au bout. Je suis heureux de votre approbation, car cette œuvre serait stérile si elle ne recueillait pas votre adhésion unanime.

Nous savons en quoi consiste l'impôt indigène qui soulève tant de critiques. Il est une de nos principales préoccupations. Les uns estiment que l'Européen est de beaucoup le plus chargé, les autres, croyant défendre les intérêts des indigènes, affirment le contraire.

Nous aurons donc à étudier de près cette question. Il faut que nous en ayons le cœur net.

Il nous faudra savoir si l'indigène est trop chargé d'impôts, alors nous le dégrèverons, sinon il subira la loi commune.

Nous ferons toucher du doigt les manœuvres qui accablent l'Algérie ; nous unirons tous nos efforts pour démontrer à la Métropole que nous sommes des protecteurs et que dans la diversité des races nous avons répandu l'esprit français avec une communauté d'amour pour la Mère-Patrie.

C'est de la complexité de ces intérêts que vous représentez que pourra surgir cette grande union.

Votre Syndicat, dont je me rappelle avoir entendu, alors que je vins pour la première fois en Algérie, quelques vagissements, je le retrouve aujourd'hui fort et solide.

Je me rappelle ces débuts ; on disait : « A quoi peut servir cette réunion de commerçants et d'industriels ? N'existe-t-il pas des lois et des assemblées officielles pour les protéger ? »

L'expérience a bien démontré le contraire et que la création de votre groupement était nécessaire.

Peut-être en sort-il quelquefois une clameur un peu confuse. Qu'importe, vous avez le droit de formuler vos revendications et ce n'est pas moi qui vous dirai jamais de mettre une sourdine à votre voix.

Je vous dis, au contraire, qu'auprès de moi vous serez toujours les bienvenus. Je considère comme très utile votre collaboration. L'Administration n'a qu'à gagner à entendre ceux qui sont aux prises avec les difficultés de la réalité expérimentale. De votre ensemble se dégage une leçon d'énergie et d'honnêteté.

Voilà pourquoi je suis fier de votre confiance et toute mon ambition consistera à ne pas la démériter.

Nous ferons ensemble de bonnes choses, parce que nous sommes tous attachés à la Mère-Patrie et que nous avons conscience de la mission civilisatrice qui nous incombe.

Chacun sait que nous ne sommes pas venus en Algérie faire une œuvre de domination et d'exploitation égoïstes.

La France veut remplir ici le rôle, qui lui est dévolu dans l'histoire, de soldat désintéressé du droit et de la civilisation. C'est ce rôle qui la poussait aux croisades ; c'est ce rôle qui menait Napoléon aux Pyramides ; c'est ce rôle qui a conduit la France dans l'Afrique du Nord.

Nous voulons créer une France plus belle, plus radieuse, plus ensoleillée, prête à apporter sur l'autel de la Patrie le courage de ses soldats, l'activité de ses commerçants, la force et le travail de tous ses enfants.

Le génie des colons algériens, l'initiative des commerçants et des industriels m'invitent à boire à l'union indissoluble de la France et de l'Algérie.

Je lève mon verre à la prospérité du Syndicat Commercial Algérien et à la santé de son digne président, M. Tarting.

(Ce discours a été fréquemment applaudi par l'assistance).

Nota. — *Dans tous rapports, lettres commerciales, etc. (faits avec l'interligne 1), l'interligne doit être doublé à chaque alinéa.*

SYNDICAT COMMERCIAL ALGÉRIEN

RÉUNION DU XXVIᵉ GROUPE (Anti-Austro-Allemand)

Séance du 28 Avril 1915

DISCOURS DE M. DEMANGE

Président du VIIIᵉ Groupe, Juge au Tribunal de Commerce

CHER PRÉSIDENT, CHERS COLLÈGUES,

Au nom de mes collègues du Bureau du XXVIᵉ Groupe et en mon nom, je vous remercie bien vivement de la marque de confiance dont vous venez de nous honorer.

J'ai la certitude d'être en complet accord avec vous, de répondre aux sentiments de votre cœur en inaugurant l'entrée en fonctions du Bureau et cette première séance de la Ligue Anti-Austro-Allemande, par l'expression d'un souvenir ineffaçable aux braves qui, depuis huit mois, sont tombés au champ d'honneur, par l'hommage de notre admiration aux héroïques combattants français et alliés qui défendent glorieusement le sol de la Patrie, nobles champions de la cause du droit et de l'humanité, dont bientôt nous fêterons le triomphe.

Cette victoire de nos armées ne fait plus de doute aujourd'hui. Elle est certaine malgré la force apparente dont se targuent encore les hordes de l'envahisseur, malgré l'outrecuidance de ses hommes politiques.

Mais la défaite de l'ennemi ne serait pas définitive si, vaincu par nos soldats, son commerce et son industrie lui réservaient le moyen de se relever bientôt. Ce ne serait qu'une trêve nous obligeant à demeurer continuellement sur le qui vive, en attendant que l'Allemagne choisisse l'heure favorable à une nouvelle attaque.

C'est pour achever l'œuvre de justice et de libération poursuivie par nos combattants, c'est pour compléter le châtiment qu'ils infligent à la monstrueuse Allemagne, que nous décidons, nous aussi, d'entrer en ligne, de combattre selon nos moyens, c'est-à-dire en nous plaçant sur le terrain économique et que nous organisons le XXVI° Groupe : la Ligue Anti-Austro-Allemande d'Alger.

Nous ne voulons plus, par un laissez-aller dangereux, contribuer, par nos achats, à enrichir l'ennemi éternel de notre pays, de la civilisation tout entière. En lui donnant notre argent, nous lui donnons des armes.

Soyez, chers collègues, des propagandistes de nos idées, enrôlez, dans notre Groupe, vos amis et vos proches.

Vous rencontrerez peut-être des hésitants, des citoyens inaptes à comprendre le geste imposé aux Français par l'honneur, par le patriotisme, j'ajouterai : par le plus élémentaire instinct de la conservation. Ne vous étonnez pas.

Rappelez-vous qu'avant de jeter les bombes asphyxiantes sur nos soldats, les Allemands ont lancé sur notre France leurs théories stupéfiantes, leur camelote morale. Ne vous rebutez pas, le salut de notre pays demande votre action avertie et persévérante. Il faut réveiller ceux qui dorment, car tous nos ennemis ne sont pas dans les tranchées parallèles à celles de nos soldats.

Considérons comme une impérieuse et sainte obligation, celle de réserver du travail à nos ouvriers, au lendemain de la guerre, à ces braves gens dont le courage et les vertus militaires et civiques demeureront, pour l'histoire, un sujet d'étonnement et d'admiration.

Sachons que la réorganisation de nos industries nécessite de grands capitaux dont la mise en mouvement et l'utilisation créeront le bien-être dans le pays, éventualité qui sera parfaitement réalisable si nos magasins ne sont pas trop encombrés d'articles « made in Germany », si l'argent des acheteurs n'est pas raflé par les manufacturiers boches.

Je sais, chers collègues, que l'exposé devant vous de ces considérations est superflu. Continuez donc la propagande en faveur de notre œuvre et vous aurez bien mérité de notre pays.

(Applaudissements).